世界の本屋さんめぐり

Journey to Bookstores
Around the World

ナカムラクニオ

Kunio Nakamura

はじめに
Prologue

「本屋さんは、一体いつからあるのだろうか?」

　古代の人々は自らの歴史を口伝で後世に残しました。その意味では人間そのものが媒体であり、「生きた本」だったといえるのかもしれません。しかし、情報量が多くなると、何らかの別の媒体に記録せざるを得なくなります。古代バビロニア（現イラク南部）で粘土板に楔形文字が刻まれた時も、エジプトでヒエログリフ（聖刻文字）がパピルスに描かれるようになった時も、中国で亀の甲羅などに甲骨文字が刻まれた時も、記されたものを仲介する、いわば「本屋さん的存在」がいたのかもしれません。

　紀元前3世紀頃、エジプトのアレクサンドリアに図書館が建造された時だって、誰かが本をまとめて売ったり買ったりしていたはずです。そう考えると本屋さんの歴史は、仮にパピルスが使用された頃からだと考えると約5000年。この長い間に、人々はさまざまな方法で文字を紙に記し、束ねて販売してきたわけです。

　古代ローマでは、本を自宅で所有することが流行したといいますから、書籍を扱う商人もたくさんいたのでしょう。日本では奈良時代に、称徳天皇が百万基もの教典入りの仏塔「百万塔陀羅尼」を作りました。これは世界最古の現存する印刷物ともいわれますが、おそらくこの時も「本屋さんみたいな仕事」が存在したのではと想像します。

　世界で、本格的に本屋さんが発展するのはドイツの金属加工職人ヨハネス・グーテンベルクが活版印刷技術を発明した1445年頃から。当時は、キリスト教の教科書である「聖書」が大量に印刷され、修道院がたくさんの本を収集。商人によって本が販売されていました。この頃は、印刷技術もまだ未熟で、本はかなり高価だったそうです。今でいうと、1冊数十万から数百万円ほどしたのだとか。

　イタリア、ルネサンスの巨人レオナルド・ダ・ヴィンチは、自分の蔵書が100冊以上あり、書名や著者名を記録した目録も作っていたそうです。医学書やラテン語の辞典の中に、イソップ寓話集、錬金術、霊魂不滅論、誘

惑論、美食論、手相論、健康保持論、夢占いといった不思議な本がたくさん交ざっていたといいますから、これらの本を分析していけば、当時の本屋さん事情が垣間見えてくるかもしれません。

　日本では江戸時代になると、写楽や歌麿をヒットさせ、浮世絵や洒落本の版元として活躍した出版プロデューサー蔦屋重三郎なども登場。本屋さんは、重要なエンターテインメント産業として、成長していくのです。

　時は過ぎ、1829年にタイプライターの発明、1840年木材のパルプ化成功、1846年輪転機の登場によって、出版・印刷産業は飛躍的に成長します。そして、本屋さんが世界中に誕生したのです。戦後は欧米を中心に大型書店が流行し、アメリカでは「バーンズ・アンド・ノーブル」、「ボーダーズ」、イギリスでは「W・H・スミス」や「ウォーターストーンズ」、フランスでは「フナック」などが店舗数を増やしていきました。

　しかし、全世界に広まっていった本屋さんは、やがて飽和状態になり、一気に減速していきます。1995年にアマゾンがオンライン書店を開始。2007年電子ブックリーダー「Amazon Kindle」を発売。同じ年、アップルがスマートフォン「iPhone」を発売。さらに2010年タブレットPC「iPad」を発表しました。そんな中で、2011年に全米第2位の「ボーダーズ」が経営破綻。イギリスでも「ウォーターストーンズ」が一時、倒産寸前まで経営が悪化。ドイツでも2019年、出版取次大手の「KNV」が破産申請手続きを進めるなど、世界の本屋さんが激動の時代に突入しています。

　そんな時代の中でもギャラリーやカフェを併設し、作家のイベントを行う個性的な「独立系書店」が増えています。レストランや宿泊施設を併設したり、雑貨や洋服などを販売したりと、様々なアイデアで工夫を凝らす本屋さんも増えてきました。

　この本は、2000年頃から、世界の本屋さんをめぐった記録であり、図鑑でもあります。本好きの方や、本に関わる仕事をする方たちのお役に立つようならばうれしく思います。

目次
Index

はじめに 2

第 1 章
アジアの本屋さん
アジア／オセアニア

Chapter 1. Bookstores in Asia

中国 8
ベトナム 17
ラオス 21
Column｜ブックトートバッグ図鑑
　　　　アジア編 24
タイ 25
カンボジア 29
Column｜アジアの美しい図書館 32
インド 34
韓国 37
シンガポール 45
インドネシア 48
Column｜アジアの日本文学 51
パプアニューギニア 52
台湾 55
Column｜アジアの作家図鑑 63

第 2 章
ヨーロッパの本屋さん
ヨーロッパ／中東

Chapter 2. Bookstores in Europe

フランス 66
ベルギー 76
オランダ 78
ドイツ 80

スイス **82**

オーストリア **84**

チェコ **86**

Column｜ブックトートバッグ図鑑
ヨーロッパ編 **88**

イタリア **89**

ロシア **92**

フィンランド **96**

スウェーデン **99**

デンマーク **102**

Column｜ヨーロッパの美しい図書館 **104**

イギリス **106**

アイルランド **110**

スペイン **112**

ポルトガル **114**

Column｜ヨーロッパの日本文学 **116**

トルコ **117**

ヨルダン **119**

イスラエル **121**

Column｜ヨーロッパの作家図鑑 **125**

第 3 章
アメリカの本屋さん
北米／中南米

Chapter 3. Bookstores in America

アメリカ **128**

Column｜ブックトートバッグ図鑑
アメリカ編 **138**

ニカラグア **139**

ブラジル **144**

Column｜アメリカの美しい図書館 **146**

ボリビア **148**

Column｜アメリカの日本文学 **152**

パラグアイ **153**

Column｜アメリカの作家図鑑 **157**

あとがき **158**

※本書内の情報は執筆時点のものです。閉店・移転等により掲載内容が変更になる場合があります。

第 1 章
アジアの本屋さん
アジア／オセアニア
Chapter 1. Bookstores in Asia, Asia / Oceania

China

情報のラビリンス

中国

朗読ロボットは、何を夢見るのか？

　中国は今、「書店バブル」に沸いています。巨大店舗、無人店舗、宿泊施設付きなど、新しいタイプの書店が続々と登場。中国最大の国有書店チェーンである「新華書店」では、デポジット99元（約1600円）で書籍を2冊まで借りられる新刊レンタルサービスが始まりました。また、上海の「大隠書局」では、上海図書館の貸出カード提示により店内の本が借りられるようになるなど、まったく新しいブックシェアリングの大きな波がやってきているのです。

　また、名作小説をドラマ仕立てで紹介する「一本好書」というテレビ番組も作られるほど、各業界で本をめぐる冒険が盛り上がっています。

　広州白雲国際空港の書店では、ロボットが絵本の朗読をしていて驚きました。ロボットといってもフクロウの形をしたかわいいフォルムの人形。中国語と英語しかしゃべれないようでしたが、近い将来には全言語で朗読してくれるロボットが登場してもおかしくありません。そろそろ人工知能のAIが文学を創作する時代に突入するのかと思いきや、朗読をロボットが代行してくれるという人間味あふれる展開でした。もしかすると、本そのものが音声で読みあげてくれる「音声本」なんていうものも近い将来には開発されるのかもしれません。有名シェフが監修したレシピを調理ロボットが作り、配膳ロボットが運んでくれるロボットレストランが天津にオープン。職人のように麺を削る刀削ロボットも普及しています。今後、中国でこのようなロボットが書店にどんな影響を及ぼすのか、とても気になるところです。

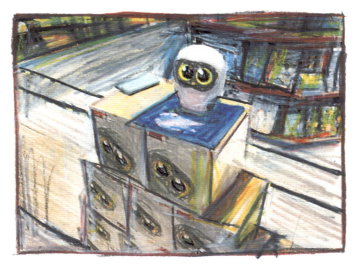

フクロウ型朗読ロボット

「検索」「SNS」が使えない衝撃

　独自のネットサービスが進化している中国では、本屋めぐりは少々大変です。ホテルでタクシーを呼ぼうとしたら断られ、近くの距離なら配車アプリ「滴滴出行(ディーディーチューシン)（中国版ウーバー）を使って下さい」と言われたり、レストランで現金がまったく使えなかったりと、日本では信じられないようなことが次々と起こります。

　一番困るのが検索です。海外からのネット情報がほぼ遮断されていて、グーグルやヤフーの検索は使えません。SNSも同様で、フェイスブック、ツイッター、ラインすら使えません。しかたなく、中国の検索エンジン「百度(バイドゥ)」をダウンロードして使ってみました。機能的には便利なのですが、情報がすべてビッグデータとして中国の警察に収集され、監視されているという状況は、不気味な気がします。オンライン書店は、中国版アマゾンと呼ばれる「当当網(ダンダンコム)」が圧倒的に強く、家電、ファッション、インテリア、食品などを取り扱うショッピングサイトとして展開し、1980年代生まれの世代「80後(パーリンホウ)」からは絶大な支持を受けています。

第1章　アジアの本屋さん

広州・こうしゅう

ピザ×小さな図書館＝しあわせ

　20年ぶりに歩いた広州は、「ここは日本か？」と見まごうほどの変容ぶりで、かつての面影はまったくありませんでした。昔は「食は広州にあり」と言って、市場には犬、猫、アルマジロ、サソリなどが売られていましたが、今はまるで東京の渋谷のように洗練された雰囲気。

　アプリで「本屋」を検索し、歩いていると途中のピザハットで「本」のマークを発見。のぞいてみると面白い本棚を見つけました。町の空きスペースを利用した小さな図書館「マイクロ・ライブラリー」です。ピザ屋さんの店内の一部に本がずらりと並んでいて自由に読めるのです。アメリカで2009年にトッド・ボルさんが始めた、「リトル・フリー・ライブラリー」の活動は、全世界に広がっていますが、中国のピザ屋さんにまで普及していることに驚きました（中国では独自のシステムで運営されており、本は閲覧のみ）。流行語にもなったといわれる「共享（＝シェアリング）」の文化。シェア自転車、シェア雨傘など続々と新たなシェアリングが流行していく中で、本のシェアはますます広がっていきそうです。

ピザハットのマイクロ・ライブラリー

川沿いにそびえ立つ広州塔

1200bookshop

本当に「泊まれる」本屋さん

　広州初の24時間営業の書店「1200bookshop」は画期的な「泊まれる本屋さん」です。東京にも「BOOK AND BED TOKYO」という泊まれる店がありますが、本の販売はしておらずインターネットカフェと同じような仕組み。一方で1200bookshopは本を買うことができるのです。オンライン書店に対抗すべく、深夜営業する本屋さんは中国で近年急増していて、2014年に北京の「三聯書店（Joint Publishing）」が24時間営業を始めた後、広州、西安と流行は一気に広がっていきました。

　1200bookshopには、深夜になると若者が次々と訪れ、特に若い女性客が多いのには驚きました。文学や芸術を中心に約1万冊が並び、店内はいつ行ってもにぎわっています。素敵なカフェも併設されていて、ソファでゆっくりしながら読書や勉強をすることができます。たった15元（約240円）で1時間利用でき、70元（約1120円）あれば、夜10時から朝10時まで個室が使用できるのも魅力的。さらにその個室がパリの屋根裏部屋のようにかわいいことも、女性客を

1200bookshopのカフェ

ひきつけることにつながっているのだと思いました。カプセルホテルの進化系みたいな立ち位置ですが、本が好きな人にとっては楽園としかいいようがない空間です。
「静かに夜を過ごせる居場所があれば人が集まるに違いない」。そう考えた若い店主の劉さんは、友人から出資を募って店を立ち上げました。まるでクラウドファンディングのような発想です。この店を作るとき、留学していた台湾の「誠品書店」とパリの名物書店「シェイクスピア・アンド・カンパニー」を参考にしたのだとか。世界の名店のいい要素を合体させただけあって、店内はとにかく居心地が良く、オリジナルグッズも充実。一度行けば誰もがファンになってしまう空間なのです。文化度も高く、読書会などが頻繁に開催されているそうです。定額制で本が読め、睡眠もとれるシステムは1200bookshopの存在であっという間に定着。2014年の1号店オープン以来、すでに6店舗も展開しているというのは驚きです。今後、いったいどこまで成長するのでしょうか。

1200bookshopの個室

洋服を売るオシャレ本屋さん

　広州の大型書店で一番人気があるのが「方所（Fang Suo Commune）」。書店の既成概念を覆すような広さとセンスの良さで、本だけでなく、何万円もする高級な洋服、陶器、ワイン、盆栽なども売られています。それもそのはず、この店は広州発の高級ファッションブランド「例外（Exception）」の創業者として成功した毛継鴻さんが手掛ける本屋さんなのです。例外は1996年にスタートし、国内約100ヵ所に展開する超有名ブランド。日本でもイッセイ・ミヤケやヨウジ・ヤマモトが本屋さんを作ったらこんな感じになるのかもしれません。

　書店の入口を入るといきなり洋服が売られているのが、とても新鮮です。間接照明が印象的な暗めの店内には、センスのいいセレクト雑貨店とカフェが併設され、心落ち着きます。「方所」という名は、6世紀の皇族が記した「定是常住、便成方所」からの引用で、「豊かな文化を育むのは、人が出会い知識を深める場所にある」という意味が込められているとか。少々値段は高いけれど、カフェで何時間でも好きなだけ本が読めるという点では、六本木の青山ブックセンター跡地にオープンした「文喫」に近いコンセプトだと思いました。本を売るだけでなく「本との偶然の出会い」をテーマに店づくりをする。複合的で、書店の未来を感じさせてくれる店舗でした。

第1章　アジアの本屋さん

方所書店のモダンなエントランス

深圳・しんせん

世界最大級の本屋さん

　中国のシリコンバレーといわれる深圳。人口30万人だった漁村が、1980年に中国初の経済特区に。隣接する香港を追い越し、現在の人口は1400万人。中国全土から続々と若い移住者が集まり、65歳以上の高齢者はなんと2％しかいないそうです。確かに町を歩いているのは、若い人ばかりで活気にあふれています。街角には「シェア

深圳書城龍崗城の広大な売場

自転車」がずらりと並び、道路には電動自転車がビュンビュン走る。まるでSF映画の未来都市です。次世代型のパーソナルモビリティも普及していて、中国版セグウェイに乗ったカップルが音も立てずに移動しているのを見て、衝撃を受けました。

そんな未来都市に「世界最大級の本屋さん」が完成しました。2018年にオープンした「深圳書城龍崗城」は、広さが約1万3000坪。巨大な一枚岩のようなデザインの商業施設に入っており、近づいてもあまりに大きくて全体が見えません。オーストラリアにあるエアーズロックみたいな圧倒的な存在感の建物は5階建てで、中に入るとどこまでも本棚が続きます。新宿の「紀伊國屋書店」が10軒くらい並んだ大きさといえばわかりやすいでしょうか。お客さんは、みんな座り読みをしており、どこを見ても人だらけ。ショッピングモールとセットになっているせいか、家族連れが多く、もはや巨大な「本のテーマパーク」の様相。一日中本を読んでいても追い出されないのですから、勉強が大好きな中国人にとっては夢のような空間といえるでしょう。

完全無人書店の癒しとは？

そんな巨大書店の1階になんと完全無人の書店「阿布e無人書店」がありました。モバイル決済、顔認証など最新のテクノロジーを駆使した店です。深圳初の無人書店で、まだ実験段階ということもあり、店員さんが丁寧に使い方を説明してくれます。壁面には自動広告機塔があり、新しい本の情報が次々と天から降り注ぐように液晶モニターに流れてきます。

店の仕組みはいたってシンプル。会員登録した後、入り口にあるQRコードを読み取ると、扉のロックが解除され入場。商品を選び終わったら自分でセルフレジに行き、商品をスキャンしてスマホでモバイル決済をします。慣れればとても簡単に感じますが、外国の旅行客には、言葉の壁があって、使いこなすのがやや難しいかもしれま

せん。有人書店のお客さんが、便利なはずの無人書店よりもまだ多いのは面白いところです。完全無人化が普及するのは、先になりそうですが、数年後には中国だけでなく、日本でも無人化が進むに違いないと実感しました。誰からも見られていないので精神的にホッとするのです。「買わなきゃいけないかな?」というプレッシャーから解放されるからかも。無人書店の良さは、決済の楽さより、人と関わるストレスが軽減されることにあるのかもしれません。

中国最大のECサイト「淘宝」を運営するアリババグループの無人ショップ&カフェ「Tao Cafe」や24時間オープンの無人コンビニ「Bingo Box（縹果盒子）」がじわじわと普及しつつある今、日本でも本屋さんが無人になる日は近いのかも。そんなことを考えさせられた中国の本屋さんめぐりでした。

無人書店の広告塔

無人書店のセルフレジ

※1元＝16円で換算しています

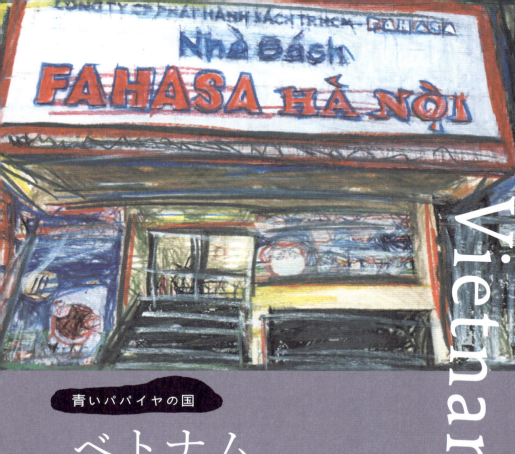

Vietnam

青いパパイヤの国

ベトナム

謎の平積みカルチャー

「なぜこんなにバイクが走り、こんなにみんな慌ただしく動いているのだろう?」そんな疑問を抱くほど、ベトナムは今、活気にあふれています。

ベトナム戦争の影響もあり、国民の平均年齢はなんと30歳。町には若いエネルギーが満ちあふれています。みんな知識に飢えていて、勉強熱心です。本屋さんはたくさんありますが、娯楽というよりは「将来のための学校」というイメージで利用されているようです。

「ファハサ（FAHASA）」はベトナムで有名な国内最大手の書店。1976年に設立され、全国に約100店舗を構える書店グループです。

世界遺産のハロン湾

スパイラル積み

2005年から売上げは10倍になり急成長。日本の書店チェーン「紀伊國屋書店」とも業務提携をしています。この書店では、本の積み方が変わっていて「タワー積み」「スパイラル積み」など、独特の平積みでお客さんを楽しませています。

日本のアニメやマンガは大人気。特に『ドラえもん』、『クレヨンしんちゃん』などが普及していて、子どもたちはみんな日本のマンガを日常的に読んでいます。また『美少女戦士セーラームーン』、『名探偵コナン』、『ONE PIECE』なども国民的な知名度があります。日本の文学では、村上春樹、吉本ばなな、江國香織などの作品がベトナム語に翻訳され出版されています。

意外だったのは、日本のライトノベル。こちらもベトナムでは人気があるようで、驚くほどたくさん翻訳されていました。また、英語や日本語の勉強が盛んなため、本屋さんに行くとほとんどが学習参考書のコーナーだったりすることもあります。

ハノイ、花屋さんのブックカフェ

ファハサの他には、2004年に設立され全国で約30店舗を展開する「フオン・ナム・ブック（Phuong Nam Book）」（PNB）や、1954年に設立され約20店舗を展開する「ベトブック（Vietbook）」などの書店チェーンもあります。最近では、オンライン書店も盛況で、アマゾンから本を購入することもできるようになりました。ハノイに

はブックカフェも数軒あります。中でも、1階が花屋、2階はブックカフェになっている「ホア10ゾー・フローラル・アンド・ブックカフェ（Hoa 10 gio Floral & Book Cafe）」がオススメ。コンデンスミルクがたっぷり入ったベトナムコーヒーを飲みながら読書したり、情報収集したりできます。

　南北に細長い形をしているベトナム。歩いている人々もみんな手足が細長く、建物も細長い長屋のような家が多いのが面白い。古くから中国の文化の影響を受けて発展してきたこともあり、お寺などでは古い漢字を見かけることもあります。また、半世紀以上もフランスの植民地だったため、都市部にはフランス領時代の面影を残す黄色く塗られた建物がたくさん残っています。首都ハノイでは、驚くほどパンやコーヒーの文化が定着していて、どこを見てもカフェだらけ。こんなにカフェばかり作って経営は大丈夫なんだろうか？そんな心配をしてしまうほど似たようなカフェが町にあふれています。細い路地裏をのぞくとトラン・アン・ユン監督の映画『青いパパイヤの香り』のような世界が広がっていました。

ブックストリートのある風景

　勉強することを大切にするベトナム人。ホーチミンの中心街にできた本屋通りが大盛況だったことから、2016年には、国の政策でハノイの中心地にも「本屋通り」ができました。20軒ほどの本屋さんの他にブックカフェもあります。ベトナムでは長い間、国営企業が本の輸出入を独占していましたが、現在では多くの民間企業による書店チェーンが進出しています。しかし、ハノイの本屋通りは暑い日の昼は人通りが少なく、書店で扱われている本の量もまだそれほど多くありませんでした。

　ホアンキエム湖の近く、ディンレー通りにある神田神保町のような本屋街はオススメです。20軒ほどの書店がぎっしりと並ぶ一角に「Maoさんの本屋」という、古くてとても美しい本屋さんがあります。時間が止まったかのような懐かしい空間に、雑然と並べられた本。夢に出てきそうなアジアの本屋さんという感じです。近くにある日本人が経営するピザ屋さん「ピザ・フォーピース（Pizza 4P's）」もぜひ行ってほしい店です。その人気から奇跡のピザ屋ともいわれてい

ます。Maoさんの本屋に行きフォーピースのピザを食べれば、きっと至福の時間を過ごすことができるでしょう。

ハノイの本屋通り

ベトナムの気になる一冊

『Tôi Thấy Hoa Vàng Trên Cỏ Xanh』
（草原に黄色い花を見つける）
Nguyễn Nhật Ánh　グエン・ニャット・アイン

1980年代後半のベトナムを描いた小説。貧しい農村に生きる兄弟と幼なじみの少女たちの日常が描かれている。映画化され、2017年には日本でも公開された。グエン・ニャット・アインは1955年生まれのベトナムを代表するベストセラー作家。日本語翻訳版も出版されている。

Laos
ラオス

何もないけどすべてがある

本屋さんが無い国の本屋さん事情

「世界一何もない」ともいわれるラオス。時間が止まったような何もない魅力でじわじわと人気が高まり、最近ではいつか行ってみたい国として人気があります。村上春樹の紀行エッセイ『ラオスにいったい何があるというんですか?』にも登場して、注目を集めています。いったいどんな国なのか?本屋はあるのか?訪ねてみました。

ラオス人民民主共和国は、東南アジアのインドシナ半島に位置し、素朴な生活と豊かな自然が残る国です。南北に細長く海がない内陸の国。北は中国、東はベトナム、南はカンボジア、南西はタイ、北西はミャンマーと国境を接しています。首都ヴィエンチャンには、フランス植民地支配時代の古い建物が多く残っており、プチパリとも呼ばれています。まだ教育制度が発達しておらず、識字率もいまだ約70％程度といわれています。ヴィエンチャンには国立図書館と国営書店しかなかった時代が長く、気軽にラオス語の本を手に入れるのは難しい状況です。

1995年にラオスで初めて世界遺産に登録された古都ルアンパバーンへ行ってみました。敬虔（けいけん）な仏教国ラオスでは、毎朝5時半頃から、托鉢（たくはつ）というセレモニーが行われています。オレンジの袈裟に身を包んだお坊さんが一列になって歩き、沿道に並ぶ人々から一握りのご飯を受け取る儀式です。観光客でも参加し、お布施を渡すことができます。一度体験してみるとラオスの国がどんな国かよくわかりま

第１章　アジアの本屋さん

す。実は、ラオスの男性は一生に一度は出家して、僧となる慣習があるのです。

本の交換は何を生み出すのか？

ビエンチャンのモニュメント・ブックス

ルアンパバーンには、カンボジアの書店チェーン「モニュメント・ブックス（Monument Books）」が進出しているとのことで訪ねてみると、「もう無くなりましたよ～」とあっさり言われ愕然としました。書店が無くなるのは都市部だけでなく、どの地域でも問題になっています。

　他に本屋さんが無いかと調べたところ、どうやらブックカフェがあるらしいことがわかり、近くにあった「エトランゼ・ブックス・アンド・ティー（L'Etranger Books & Tea）」を訪ねてみました。本は売られていましたが、置いてあるのはほとんどが観光客向けの英語とフランス語の洋書でした。絵本はまれに見かけますが、現地の言葉で書かれたその他の本は、まだまだ少ないという印象です。それでも、この店では、本で支払いができる「Book Exchange」の試みを実践していて画期的だと感じました。

ラオスの国営書店

「何もない」がある場所で

　ルアンパバーン図書館は、この町で最も大きな「本が読める場所」です。日本の書籍も少し置いてあります。『地球の歩き方 ラオス』や乙武洋匡の『五体不満足』のラオス語版がたくさん並んでいました。館内では、英語の勉強会が開かれていて、夕方になると現地の小・中学生が続々と集まってきます。地元の子どもたちのためにお金を集めて、本と交換するプロジェクトも行っていました。小さいけれど本と触れあえる貴重な図書館です。また、小さな古本屋さんも併設されています。さらに、入口で1冊2ドルで絵本を購入し、受付にあるラックに入れておくと、村の子どもにその本をプレゼントできるという仕組みもありました。

「世界一何もない」といわれるラオス。実際に行ってみると確かに何もないように見えます。しかし、他のアジアの国が失ってしまった美しさ、穏やかさが残っています。これは誰かが記録し、伝えるべきなのではないか？と思わされます。次にラオスに行く時は、いらなくなった絵本をカバンいっぱいに詰めこんで、図書館に届けに行きたいと思っています。

ラオスの気になる一冊

『Barefoot Gen』（はだしのゲン）
Keiji Nakazawa　中沢啓治

中沢啓治の原爆の被爆体験を元にした自伝的漫画。戦中戦後の広島を舞台に、たくましく生きる少年たちを描いた。ラオス語版（絵本）はまだベストセラーではないけれど、原作は650万部を超える大ベストセラー。

ブックトートバッグ図鑑

アジア編

書店オリジナルのキャンバストートバッグは、本屋さん好きにとっては、どれだけ持っていても飽きないコレクションアイテムです。アジアの書店も最近は、オリジナルのデザインで製作していることが多いので要注目です。

Column : Tote Bags from Asia

1. エドガー・アラン・ポーの顔がギッシリ。台湾の古書店にて購入 2. 『時計じかけのオレンジ』が映画化された時のビジュアルをデザイン化したトート 3. 台湾を代表する「誠品書店」のトートバッグ 4. 図書館の貸出カードがモチーフ。台湾の古書店にて購入 5. タイの「カンディード・ブックス」で入手。 十二滝町は『羊をめぐる冒険』に登場する架空の町 6. 『羊をめぐる冒険』に登場するドルフィンホテルのトート 7. 『ねじまき鳥クロニクル』がモチーフ 8. 『海辺のカフカ』がモチーフ

24

バンコク・パブリッシング・レジデンス

> 美しきアジア

タイ

前代未聞の印刷ホテル

　熱帯の国タイは、ブックカルチャーも熱かった。一般的には、タイ＝本屋さんのイメージは無いかもしれません。しかし首都バンコクでは、近年大型図書館や独立系書店と呼ばれる個人で経営する書店がオープンするなど、ここ数年でブックシーンが大きく変化しつつあります。2017年には政府の「学びの都市」キャンペーンの一環として整備された「バンコク市立図書館」が開館。平日は8時から21時まで（月曜日定休。日曜日は9時から20時まで）開館し、年会費50バーツ（約180円）を支払えば誰でも利用できます。さらに今後は、なんと24時

Thai

間オープンにする計画があるのだとか。

　また、バンコクには本好きが泊まるべきホテルがあります。2017年に誕生した印刷所を豪華ホテルにリノベーションした「バンコク・パブリッシング・レジデンス（Bangkok Publishing Residence）」で

バンコク・パブリッシング・レジデンスのロビー

す。客室数はわずか8室。1960年代から週刊誌の出版社兼印刷所として使われていただけあって、活版印刷の活字が展示され、50年ものの印刷道具がインテリアとして飾られています。フロントやロビーは、書斎のような作りになっていて、タイプライター、インク、紙のロールなどが至るところに飾ってあり、まるで印刷博物館に泊まっているような気分になります。屋上には小さな庭園と読書ルームのようなテラスがあります。さらに無料の自転車とWi-Fiが使えて、アメニティもすべて印刷物モチーフ。本好きな人が泊まるには、完璧なホテルだと思います。

本のジャングルへ

　古本が好きな人は、バンコク最大級の土日限定マーケット「チャトゥチャック・ウィークエンド・マーケット（Chatuchak Weekend Market）」がオススメです。古本や骨董品のショップがたくさん並んでいる区画があり、日本語の古雑誌、絵本などもあるので宝探しにはピッタリ。約8000軒以上も店があるので、見てまわるだけで1日かかります。

　「シード・ブック・センター（SE-ED Book Center）」は、国内に約530店舗を展開している最大手書店チェーン。日本でいうと文教堂や三省堂書店みたいな、町の本屋さんのような存在でしょうか。タイで出版、流通、教育事業を展開する会社の書店チェーンで、ドラッグストアのような雰囲気の赤と白の看板が目印です。売られている

のはほとんどがタイ語の書籍。タイ語に翻訳された日本のマンガもたくさん並んでいます。入口には子ども用のおもちゃが積み上げられ、「20%OFF」などのセールが行われていました。また、宅配便のDHLとコラボして「本の宅配」に力を入れるなど、新しい試みにも挑戦しています。

「ビー・ツー・エス（B2S）」は2000年に創業。国内に100店舗以上を展開し、本や文具、雑貨を販売する大手チェーンです。独立系書店では、旅をテーマにした書店「パスポート・ブックショップ（Passport Bookshop）」が2001年にカオサンエリアにオープン、観光客にとても人気があります。バンコクで日本語の本が買える大きな書店といえば、伊勢丹の6階にある「紀伊國屋書店」が知られています。

川のほとりにある奇跡の楽園

　チャオプラヤ川の渡船に乗って訪れたのは、バンコクでとても人気があるアート複合施設「ザ・ジャム・ファクトリー（The Jam Factory）」。著名な建築家であるオーナーのオフィスとアートギャラリーの他、カフェや雑貨屋などが入っています。古い工場や倉庫跡を改装して作られた心地いい空間です。

　ここにあるのが人気の本屋さん「カンディード・ブックス（Candide Books）」。フランスの思想家ヴォルテールの小説『カンディード』から名前を引用しています（カンディードとはフランス語で正直という意味）。天井が高い倉庫を最大限に利用した広い店内にはカフェが併設され、本好きには理想の空間が広がっています。品ぞろえは、元編集者のオーナー

大きな木が印象的なカンディード・ブックス

がセレクトするタイ文学と海外文学が中心ですが、ZINE（個人の趣味で作る雑誌）や小さな出版社の本も多く並べてあります。また、作品をモチーフにしたマグカップやトートバッグなど、オリジナルの村上春樹グッズもたくさん販売されていました。日本でいうと、世界中から本好きが集まる京都の名物書店「恵文社一乗寺店」のような存在に近いかもしれません。

　大きな木が生い茂る中庭にも席があり、快適な読書スポットになっています。ここでのんびり過ごすだけで癒される、本好きの楽園のような場所です。

カンディード・ブックス店内

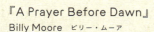

タイの気になる一冊

『A Prayer Before Dawn』
Billy Moore　ビリー・ムーア

汚職や殺人が蔓延するタイの刑務所に服役し、ムエタイでのし上がったイギリス人ボクサー、ビリー・ムーアの自伝。大ベストセラーになり、映画『暁に祈れ』（原題：A Prayer Before Dawn）が2018年に全世界で公開された。

亜細亜ルネサンス

カンボジア

消えたクメールカルチャーを探せ

アンコールワットなどの世界遺産が人気のカンボジア。空港に到着すると驚くのが圧倒的な人の若さです。平均年齢は約24歳。1970年代、ポルポト政権による大虐殺で200万以上の人が殺されてしまったことが関係しているようです。ようやく穏やかな日々が続き「復興が始まったばかり」という感じの国です。

そんなカンボジアに行くと日本人の活躍に驚かされます。バナナの木の繊維から作る紙「バナナペーパー」を開発したり、地雷の埋まっていた土地でハーブ栽培をしたり、多くの若い日本人がアイデアを出し合って活動しています。また、生産者とフェアトレードで取引し、地域の雇用を生み出し、地元で採れる自然素材と伝統技術で開発したエシカル雑貨をたくさん生産している人もいます。

しかし、破壊された文化の復興は、まだまだこれからのようです。公用語は、カンボジア語（クメール語ともいう）ですが、町の本屋さんにあるほとんどが英語の本。教育も徹底的に破壊されたのでカンボジア語の教科書がない、教師がいないという状況が長く続いているそうです。

そんな国の書店事情はいったいどうなっているのでしょうか？1993年設立された書店チェーン「モニュメント・ブックス（Monument Books）」は、各国の新聞を扱っていたり、カフェを併設した店舗があったりと人気で、ミャンマーとラオスにも支店を展開。首都プノンペンの店は、英語の書籍が中心で、カンボジア語の本の

数は圧倒的に少ない。2005年に設立された書店チェーン「ピース・ブック・センター（Peace Book Center）」は、プノンペンに4店舗展開。中国語の書籍、文房具、お土産、おもちゃなどにも力を入れています。置いてある本は、やはりカンボジア語より、英語やフランス語の本が多い印象でした。

マンガという祈り

　1994年に設立された書店チェーン「インターナショナル・ブック・センター（International Book Center）」は児童書、教科書、文房具などを扱っています。日本の小説、ビジネス書の翻訳本もかなり多く見かけました。日本でも大ベストセラーになった養老孟司の『バカの壁』のカンボジア語版が一番目立つ所に置いてあるのが印象に残りました。
　アンコールワットのある町として栄えているシェムリアップには、観光客向けのブックカフェや古本屋さんも多く存在します。「シェム・リアップ・ブック・センター（Siem Reap Book Center）」は民芸品などのお土産も売っていて、観光客向けという感じの書店。オス

モニュメント・ブックス

スメは「ディーズ・ブックス（D's Books）」。本店はプノンペンにある古本屋さんで、シェムリアップのオールドマーケット近くに支店があります。欧米の観光客向けの洋書がほとんどですが、言語

別に並べられており、棚が見やすくて便利。アンコールワットの遺跡めぐりに疲れたら、ここでゆっくり過ごすのがオススメです。

　夜になると、レストランやバーが建ち並ぶパブストリートには、シェムリアップ中の世界の旅行者が集まり、お祭りでも始まったかというくらい盛大ににぎわいます。ネオンがギラギラ光り、爆音が流れる店で健全な夜遊びを楽しめるのが、カンボジアの魅力でもあります。ここでは、バイクにつながれた小さな移動本屋さんを見かけたことがあります。カンボジア語版の『ドラえもん』と『クレヨンしんちゃん』（もちろん海賊版ではありません）が売られていました。日本のマンガがカンボジアの人たちの戦争の傷を癒しているのかと思うと、作者も翻訳者も出版社もいい仕事をしているなと、感心してしまいました。

第1章　アジアの本屋さん

カンボジアの気になる一冊

『First They Killed My Father』
（最初に父が殺された）
Loung Ung　ルオン・ウン

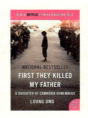

カンボジア人作家のルオン・ウンの手記。アメリカでベストセラーとなったノンフィクションで、アンジェリーナ・ジョリー監督によりNetflixで長編ドラマになった。

アジアの美しい図書館

図書館は「言葉の博物館」。人は、ひとつの空間の中で言葉と建築が融合する時間を、「ある種の文学として」読んでいるのではないでしょうか。本が並ぶ「うつわ」として空間の美意識は、その大事な要素。ここではアジアが誇る、美しい図書館を紹介します。

Column : Beautiful Libraries in Asia

1
ラザー図書館
Rampur Raza Library

 インド／ラーンプル

ラーンプルにあるラザー図書館。18世紀に建てられたインド有数の規模を誇る写本図書館です。1904年に図書館としてオープン。アラビア語とペルシャ語の歴史的な写本や文書、サンスクリット語、ヒンディー語、ウルドゥー語などに翻訳された印刷物が収められています。

2
天津濱海図書館
Tianjin Binhai Library

 中国／天津市

「中国一美しい」といわれる天津市の天津濱海図書館。オランダの設計事務所MVRDVと天津市が2017年に共同で建てたもので、まるで美術館のようなたたずまい。目のような巨大な球体と流線型が印象的な内装。なんと120万冊の本を収蔵できるそうです。

3
国立世宗(セジョン)図書館
National Library of Korea, Sejong

 韓国／世宗特別自治市

世宗にある国立世宗図書館。本のページを一枚一枚めくるイメージで設計された宇宙船のような図書館です。地下2階地上4階で、2013年に開館しました。本をモチーフにした建築は、世界的にも多いですが、ここはシンプルな曲線を描いた美しい図書館です。

4
台北市立図書館北投(ベイトウ)分館
Taipei Public Library Beitou Branch

 台湾／台北市

温泉地として人気の北投温泉にある台北市立図書館北投分館も、世界から注目されています。温泉が湧く地熱谷近くの自然の中に溶け込む木造建築です。まるで森の中のツリーハウスにいるような図書館です。屋根には太陽光発電パネルを設置。貯水した雨水を利用し、植物を育てたり、トイレの水に使用したりと、エコ建築でもあります。

5
ラクダ図書館
Camel Library

 モンゴル

ラクダ図書館。運営しているのは、詩人で児童文学作家のジャンビーン・ダシドンドグさん。『七コブのラクダ』という本の著者でもあり、出版や移動図書館によって子どもが気軽に本を楽しめる普及活動を行っています。主に、ゴビ砂漠などの遊牧民たちに本を届けるプロジェクトを個人で続けています。

6
冷蔵庫図書館
Refrigerator Library

 ニュージーランド／クライストチャーチ

クライストチャーチでは2011年に起きた大地震の際、「冷蔵庫図書館」が広場に置かれ、本が自由にシェアできるように工夫されました。2018年に町の図書館が完成し、冷蔵庫の図書館は役目を終えましたが、このアイデアは世界のどこでも参考になりそうです。

India

インド

美しきマンダラ

本は、読むカレーライス

　インドの本屋さんは、スパイスがたっぷり入ったカレーライスのようです。公用語はヒンディー語ですが、他にもベンガル語、タミル語、ウルドゥー語などの憲法で定められた指定言語が22種類もあります。国全体で多くの言語が使われており、その数なんと800種類以上。人口は世界第2位の13億人以上。日本の約10倍で、近い将来中国を抜いて世界1位になるといわれています。そんな言葉の王国は、英語による書籍の出版点数がアメリカに次ぐ世界第2位。新聞だけで、4万紙もある驚愕の出版大国なのです。

　この混沌としたインドの本屋さん事情を知るため、首都デリーを歩いてみました。路上の本屋さんがしばしば目に留まります。近づくと店のおじさんがインドなまりの英語で、「パウロ・コエーリョあるよ！」と、オススメ本をやたらと紹介してくるのが面白い。J・K・ローリングやダン・ブラウンなどの流行の本も並んでいます。まるでチャイを売るように新刊を勧めているのです。日本の路上で本屋さんが「村上春樹の新刊出たよ！」などと話しかけてくることはないので、とても興味深い売り方です。

　「ジェイン・ブック・デポ（Jain Book Depot）」はデリーのおしゃれなスポット、コンノートプレイスにある本屋さん。そこでは、店員さんがなにやら天井近くの神棚にお線香をたてお祈りしていました。インドでは神様にお祈りする儀式は毎日欠かさず繰り返すので、近代的な本屋さんでも突然店内でお祈りが始まるのです。

読書時間世界１位の国インド

インド人は、本をよく読んでいます。駅のキオスクにも本がずらっと並んでいて、日本よりも圧倒的に数が多いのがわかります。実は、1週間あたりの読書時間の世界1位はインド（10.7時間）で、日本は信じられないことに29位（4.1時間）なのです。そう考えると、インドは非常に文化度が高いといえます。数年後には、世界の経済をリードしているかもしれません。

世界遺産のタージ・マハル

アニール・ブック・コーナー

ちなみに、インドは古本屋さんも多い。日本とは違い、なぜか横積み（背表紙を手前にした平積み）が多く、独特の「テトリス積み」。崩れないのが不思議なくらいたくさん積んでいます。お気に入りの古本屋さんは、ニューデリーのセントラル・パーク近くにある「アニール・ブック・コーナー（Anil Book Corner）」。横倒しにした本がうず高く、ギッシリ積まれすぎで、手にも取れないという謎の本屋さんです。

デリーの神保町

オールドデリーのナイー・サラク通りには古書店が200以上並んでいて、まるで神保町の古書店街のようです。医療、コンピューター、法律などそれぞれの店が専門書を扱っていて、店頭のカウンターで注文を受けるシステム。本の問屋街みたいな雰囲気です。日曜日に行くと、本屋さんのシャッターの前に、床屋さんなど別の店が勝手にオープンしているのがなんともインドらしい光景です。インドと

いえば、『夜の木（The Night Life of Trees）』が話題の出版社、タラブックスが有名です。しかしこの出版社の本は探しても普通の書店では売っていませんでした。かなり探しまわったのですが、結局デリーではフェアトレード専門ブランド「ピープルツリー」のみで売っていました。しかも、値段はかなり高かったです。

　インドの町は一冊の美しい写真集みたいです。路上にはいつだって人間、動物、人力車、そして、本が共存しています。カオスの国インドでは、本屋さんはいつだってすべての人々を未知なる世界へと導いてくれる「言葉のガンジス川」なのです。

オールドデリーの古書街

インドの気になる一冊

『Stray Birds』（迷い鳥たち）
Rabindranath Tagore　ラビンドラナート・タゴール

詩人タゴールによる、世界と自分との対話ともいえるような326編からなる短詩集。大自然への讃歌、神聖なる存在への崇拝などが美しい言葉で綴られている。

36

Korea

本屋レボリューション

韓国

閲覧のみの図書館は何を貸し出すのか？

　韓国の首都ソウルでは新しいブックシーンが盛り上がりを見せています。猫本専門の本屋「シュレーディンガー（Schrödinger）」、詩集だけを売る「ウィットンシニカル（wit n cynical）」など小さくて個性的な書店が続々と誕生しています。2017年には、ショッピングモール内に不思議な巨大図書館ができました。貸し出しをしない閲覧のみの「ピョルマダン図書館（Starfield Library）」です。高さ13mにも及ぶ巨大な本棚には約5万冊の本が並んでいます。海外雑誌は600種類もあるそう。営業時間中は入場制限なく誰でも自由に閲覧できます。

　巨大ビルが立ち並ぶソウル中心部にある、かつての朝鮮王朝の正宮・景福宮（キョンボックン）。この前にある大通りは「光化門広場（クァンファムン）」と呼ばれ、銀座の歩行者天国のように、週末にはいろいろなイベントが行われています。ここでは、参加者が一箱分の本を持ち寄って販売するという「一箱古本市」が、最近よく開催されています。出店料金は1万ウォン（約1000円）ほど。日本の影響なのか、仕組みはほぼ同じ。実用的な本が多く、フリーマーケットのような印象を受けました。世界中にはいろいろな古本の青空市場がありますが、売り方やシステムなどを徹底的に比較してみたら、面白いかもしれません。

一箱古本市

古本屋さんの逆襲

　東大門(トンデムン)の近代的な巨大ファッションビルの裏手に、昔ながらの古本屋街「清渓川(チョンゲチョン)古本屋通り」があります。1950年代、ソウル大学の学生用の本を売買する古書店が増加したのが始まり。最盛期の70年代には約120軒にまで増えたといいます。しかし、90年代以降オンライン書店の影響で店は激減。現在は20軒ほどしか残っていません。そこで、この本屋さんを救うために2019年にソウル市南東部の松坂区(ソンパ)に誕生したのが、ソウル市公営の本屋さん「チェッポゴ」です。古本屋25軒の本を市が委託販売するという斬新な仕組みで、全国初の試み。倉庫を改造した巨大空間に約12万冊の本が並んでいます。10%ほどの手数料を除くすべての収入は古本屋さんの手に渡るそうで、新しいソウルの試みは日本でも注目されそうです。

清渓川古本屋通り

緑色のテープで巻かれた古本の山

Chapter 1. Bookstores in Asia Ⅲ Korea

景福宮エリア・キョンボックン

巨大書店の野望

「教保文庫」は1980年に創業した有名大型書店です。生命保険グループ傘下の書店で、「教保」とは「大韓教育保険」の略。店舗は35店舗ほどですが、何といっても一つ一つの店舗が大きい。韓国最大規模の書店といっても過言ではないと思います。日本の「紀伊國屋書店」のような存在……と思っていたら、2018年から紀伊國屋書店と業務提携を始めました。日本と韓国を代表する書店が、合同でイベントを行い、PRを展開できるというメリットもあり、今後の活動に注目しています。

「教保文庫光化門店」は地下鉄の光化門駅から直結していてとても便利。韓国最大規模といわれる店内には230万冊がずらりと並び、多い日は1日に4万人も来店するのだとか。総合案内では、オススメ本や、講演会、サイン会などのイベントの情報を知ることができます。大型フロアが、ものすごく細かいカテゴリーに分けられている感じは「ジュンク堂書店」のきめの細やかさにも似ています。

日本の手編みの本など手工芸の本が多く、翻訳されたものではな

教保文庫光化門店の店内

く日本語のまま売られています。本の横には編み棒も売っています。こうやって本と物を並べて売るスタイルは、今後も増えていくのでしょう。日本でも、「本×雑貨」としてライフスタイルを売る店が増えています。未来の書店が、ライフスタイルを提案する文化複合施設化するのは間違いない気がします。「誰の本を読むか」というよりは「どうやって本を読むか」「どうやって本を使うか」に注目しているところがこの書店の特徴です。

花を売る本屋さん

　店内には花屋があります。訪れた日がちょうど母の日だったのでカーネーションを売るコーナーもありました。花がどんどん売れていくのを見て、これなら日本でもできるのでは？と感じました。また韓国といえば、雑誌の付録が充実していることで知られていますが、あまりに数が多いため、付録だけ別のケースに入れて展示してありました。女性用の化粧品サンプルやダイエットグッズが多く、靴下、下着、時計、メガネ、ポットなど、日本ではありえないような

店内は座り読み可

教保文庫のフードコート

商品もたくさん並んでいます。日本では付録に対して否定的な声もありますが、ダウンロードやコピーができないこの「おまけ文化」は、本の可能性を広げてくれるような気がしました。もしかすると未来の出版は、今よりももっと物質感を重視するようになっていくのかもしれません。

　塗り絵の本のコーナーも人気があるようです。種類が豊富で、画材と一緒に売られています。子どもが塗り絵を体験するスペースも

確保してありました。「読む」というよりは、「体験する」本を売っているのです。音が出る詩集シリーズも興味深い商品。贈答用のカードで、開くと韓国の有名詩人の作品の音声が流れるのです。

　店内には充実したフードコートが併設されていて便利です。本を探して、休憩して、また本を探す、という感じで一日中いても飽きることはありません。教保文庫が魅力的なのは、時代の流れに合わせた書店を目指し進化してきたから。ソウルで読むべきなのは、この未来の書店の空気感なのかもしれません。

カフェが充実したおしゃれ系書店

「バンディ・アンド・ルニス（BANDI & LUNI'S）」は、韓国のおしゃれ系大型書店。1988年に第1号店をオープンし、ソウルを中心に国内に10店舗以上を展開する大型書店チェーンです。バンディ・アンド・ルニスというちょっと変わった名前は、蛍を意味する韓国語「バンディブル」の英語表記「BANDI」と、月明かりを意味するラテン語「LUNI」を組み合わせた造語。四字熟語「蛍雪之功（けいせつのこう）」にちなんでいるそうです。つまり「苦労して勉学に励む」という意味らしい。

バンディ・アンド・ルニスの本棚

バンディ・アンド・ルニスの広い店内

　鍾路（チョンノ）店はソウル中心部の繁華街に建つ鍾路タワーの地下にあり、鍾閣（チョンガッ）駅から直結していて便利です。店内に入ってすぐのところにある巨大な柱がベストセラーの棚になっています。新刊や注目の本を一目でチェックできるような設計。韓国では新刊全体の2割ほどが文学なのだとか。店内は、日本でも大人気の「蔦屋書店」系といった雰囲気で、広い店内には計算された美しい空間が広がっています。

約20万冊の在庫を持ち、翻訳していない日本語や英語など外国語書籍も豊富なのが特徴です。また、人気カフェチェーン「ホームステッド・コーヒー（Homestead Coffee）」が入っており、席数も多くて便利。このカフェは「おうちのようにくつろげる空間のカフェ」がコンセプトなのでほっこりと癒されます。

ソウル最古の本屋さん

　韓国で一番好きな空間は、現存するソウルで一番古い本屋さん「大悟書店」です。1950年頃から最近まで続いた「骨董品のような本屋さん」で、お茶（5000ウォン／約500円）をオーダーすれば、店内を見学できる仕組みになっています。今は本の販売をしていないので、厳密にいうと「本の資料館」といったところでしょうか。人気韓国ドラマ『サメ〜愛の黙示録〜』のロケ地として使われたことで知られ、全国から観光客がやって来る名所としても人気です。

　ここはまさに時代を感じる本屋さん。いつまでいても飽きることはなく、どこをとっても絵になる、不思議な空間です。ある意味で、究極の本屋さんであり、究極の図書館なのではないでしょうか。

大悟書店

> 弘大エリア・ホンデ

インディーズ書店の未来

　人気の観光スポットとして有名になりつつある、「延南洞」というエリア。弘大の近くにあり、今やこの付近は「第2の弘大」とも呼ばれているようで、若い女性でにぎわっています。この地域で人気の、かわいい絵本専門店「ピノキオ」は、黄色と青の鮮やかな外観が印象的。絵本、外国絵本、ZINEなどが置いてあります。独立出版物と呼ばれる個人制作の出版物や洋書がほとんど、というのが面白い。店内は一日中お客さんで埋め尽くされ、みんな立ち読みをしています。日本の絵本屋さんにはない光景です。500冊ほどに厳選されているせいか、ほとんどが珍しい絵本ばかり。インドのタラブックスや日本の駒形克己の絵本もずらりと並び、こだわりが強く感じられます。

　「ユア・マインド（YOUR MIND）」は書店の名前でありながら、出版社の名前でもあります。小さな建物の5階にありますがエレベーターはありません。マンションの一室のようなスペースが、本屋さんと事務所になっています。自分が作りたい本を自分で作り、売る。そんなコンセプトで始まったリトルプレス専門書店なのです。オンライン書店からスタートして、実店舗を持つまでになったそうで、本以外にポストカード、バッグなどの雑貨も販売しています。東京でいうと神宮前にある「ユトレヒト」に似た雰囲気の店。出版だけでなく、ライブ、映像の上映会、ワー

ピノキオ

ユア・マインド

第1章　アジアの本屋さん

クショップなどの活動もしているそうで、「6次元」ともかなり共通の感覚を持っている感じがしました。猫もいるので、なんだか和みます。不便な場所にあるにも関わらず、お客さんが次々とやってきます。もはや本屋さんにとって場所が不便というのは、あまり関係がないのかもしれません。不便さが、独特の隠れ家感を醸し出して魅力のひとつになっています。

　印刷部数50〜100部ほどのリトルプレスという本の可能性と需要は、今後さらに増えるはず。そんな本の未来を実感できる本屋さんです。この店でZINEを何冊か購入しました。言葉はわかりませんが、ここに来ると何か欲しくなる。そして、この文化を支えたくなる。それくらい魅力的な活動をしている書店なのだと感じました。（※取材後、2017年に延喜洞に移転）

「おこもり系？」本屋の可能性

　ユア・マインドの近くに偶然、BOOK & COFFEEという文字を見つけました。名前を検索しても出てきませんでしたが、気になるので入ってみました。漫画や本がたくさん置いてあり、ネットカフェのような、勉強カフェのような雰囲気。店員さんに聞いてみると、「オレ・イソド・ケンチャナ」、つまり「長くいても大丈夫ですよ」という名前のカフェだとわかりました。「ケンチャナ」は、大丈夫という意味。驚いたことに、店内はとてもにぎわっていて、図書館の自習室のよう。このような勉強カフェは、日本にもありますが、ここはとても居心地がよく、座敷席などもあり、新たな「勉強系ブックカフェ」の可能性を感じました。東京、高円寺にある読書専門ブックカフェ「アール座読書館」のような「おこもり系」が、日本でもぜひ流行って欲しいものです。

オレ・イソド・ケンチャナの店内

※10ウォン＝1円で換算しています

ブックス・アクチュアリー

Singapore

未来を編集する島

シンガポール

独立系アジア文学の挑戦

　さまざまな国籍の人々が共存している人種のるつぼ、シンガポール。東京23区ほどの広さしかない多民族国家です。マレー半島の突先にある小さな島の中で、中国やインドや東南アジアの文化がミックスして、まったく新しいアジアの国が誕生しました。英語、中国語、マレー語、タミル語と4つの公用語があり、本ももちろん多国籍です。

　シンガポールの独立系書店といえば、文学や哲学好きが集まる「ブックス・アクチュアリー（Books Actually）」がダントツの存在感。オーナーは、アーティストでもあるケニー・レックさん。「マス・ペーパー・プレス（Math Paper Press）」という名で独自の出版活動も行っており、これまで数が少なかったシ

第1章　アジアの本屋さん

ンガポール人作家の文学作品を約150冊も生み出しています。また、シンガポール初のアートブックフェス「Singapore Art Book Fair」も主宰。アジアのブックカルチャーをリードしている存在です。

スタイリッシュな新書店の狙い

「ポピュラー（POPULAR）」は、1936年に創設された国内最大の書店チェーン。シンガポール国内に約30店舗あります。スタイリッシュな店内で人気の「プロローグ（prologue）」は「ポピュラー」の新ブランド。シンガポールで人気のエリア、オーチャードにあるショッピングモール「アイオン・オーチャード（ION Orchard）」にオープンしました。黒を基調としたギャラリーのような空間は、高級感があふれています。店内には、世界各国の指導者たちから尊敬されているというシンガポールの初代首相リー・クアンユーの本がずらりと並んでいました。著者ごとに小さなコーナーを作る積み方は、日本と似ています。中国語の本も多く、なんとなく漢字が読めるので、本屋めぐりがとても楽しく感じます。雑誌もさまざまな言語のものが置かれ、棚がにぎやかです（残念ながら、取材後閉店）。

プロローグ

「ポピュラー」は、書店の他に「ブックフェスト（BookFest）」という本の展示会イベントを主催しています。著者を招いたイベントなどを企画し、シンガポールの読書文化を盛り上げています。

未来派書店の系譜

　シンガポールには、もうひとつ大きな書店チェーンがあります。1978年に設立された「タイムズ・ブックストア（Times Bookstore）」です。タイムズ・パブリッシング・グループというシンガポールの巨大メディア企業の傘下として、チャンギ空港や、大型ショッピングモール内に多く出店しています。この書店には、日本の小説の英語版が多く置いてありました。村上春樹はもちろんのこと桐野夏生、小川洋子も人気があるようです。

　ラッフルズホテルの向かいにある「ブラス・バサ・コンプレックス（Bras Basah Complex）」には新刊書店と古本屋が集まっています。この中にある「バッシャー・グラフィック・ブックス（Basheer Graphic Books）」はアート本が充実していてクリエイターに人気です。

　他にも、「リッタード・ウィズ・ブックス（Littered with Books）」は、かわいい絵本、小説、料理本、ビジネス書など、幅広い本がセンス良くセレクトされているおしゃれ書店。古き良き雰囲気が色濃く残り、今やおしゃれな街として人気のティオンバルにある「ウッズ・イン・ザ・ブックス（Woods in the Books）」は世界各国の絵本がそろう絵本専門店として知られています。

　シンガポールを歩いていると、映画『ブレードランナー』に登場する、高層ビル下で人と機械が共存する未来のアジアを旅しているような気持ちになります。ここで紹介した本屋さんたちの中からも、未来につながる新しい文化が生まれてくる予感がします。

シンガポールの気になる一冊

『Crazy Rich Asians』
（クレイジー・リッチ・アジアンズ）
Kevin Kwan　ケビン・クワン

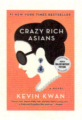

シンガポール出身の小説家ケビン・クワンのロマンティックコメディ。超金持ちのアジア人社会をコメディタッチに描いた話題作で、アメリカで映画化された。

第1章　アジアの本屋さん

> アジアの純真

インドネシア

世界一高い図書館はなぜにぎわうのか？

　経済の成長が凄まじい、東南アジア南部の多民族国家インドネシア。面積は日本の約5倍。国民の90％近くは、イスラム教徒ですがキリスト教、ヒンドゥー教、仏教も国教として定められています。民族は大半がマレー系ですが、中国系など300を超える民族が複雑に混ざりあっています。人口は増え続けており、世界で4番目の約2億6000万人。

　首都ジャカルタには「紀伊国屋書店」が2軒あります。国内最大手の書店は「グラメディア（Gramedia）」です。1970年に設立された大手書店チェーンで、現在国内に100店舗ほどを展開しています。親会社はインドネシアで雑誌、新聞などを多数発行する総合メディア企業の「コンパス・グラメディア（Kompas Gramedia）」。店内は日本の「蔦屋書店」のような雰囲気で、黒を基調としたスタイリッシュなインテリアが、幅広い世代に受け入れられています。最近では、インドネシア最大の電子書籍ストア「スクープ（SCOOP）」を買収し、ますます勢力を強めています。経済成長や所得の増加に伴い、インドネシアの消費者は高品質なものを求めるようになり、日本の文具などは大人気です。

　1953年に設立された「グヌン・アグン（Gunung Agung）」も大手書店チェーンです。店の名前「Gunung Agung（アグン山）」は、バリにある聖なる火山の名前から取られています。日本でいう富士山のような存在

Indonesia

48

グラメディア　　　　　　　　　グヌン・アグン

でしょうか。インドネシア独立後に、小さなキオスクで雑誌や新聞を売るところから始まり、書店として急成長。全国で30店舗以上を展開しています。

　書店ではありませんが、2017年に国立図書館がジャカルタのメダン・ムルデカ・スラタン通りに移転し、高さ126メートル24階建ての世界一高い国立図書館になりました。しかし、一番にぎわっているのは、館内ではなくて展望デッキ……という笑い話があります。

JKT48も活動するポップカルチャー大国

　都市の一部では本屋さんが充実していますが、それ以外の場所では本の文化はまだまだ発展途上。読書の習慣もそれほど普及しておらず、町を歩いていても本屋さんが圧倒的に少ない印象です。しかし、J-POP、マンガ、ゲームなどの日本のポップカルチャーはかなり普及しています。アニメフェスが開催されていたり、AKB48の姉妹グループJKT48がジャカルタを中心に活動していたりもします。彼女たちは、日本国外で最初に結成されたAKB48グループで、日本と同じように総選挙も開催されているのだとか。スマートフォンに特化した日本でもおなじみの漫画アプリ『comico（コミコ）』もインドネシアでは人気があります。

　このようなポップカルチャーがどこまで書店の経営に影響を及ぼすかわかりませんが、ひとつの希望であることは間違いありません。

「旅する本棚」の可能性

　インドネシアでは経済的、社会的に恵まれない山間地、離島での本の普及と教育が大きな問題となっています。ジャワ島、スマトラ島、ボルネオ島、スラウェシ島、ニューギニア島、バリ島などの大きな島から小さな島まで、約1万3600の島が集まるこの国では、地理的な理由から考えても、同じ本をたくさん売るということがなかなか難しいのかもしれません。

　2003年からインドネシア政府は、移動図書館を実施し、バスで本を運んでいます。他にも個人活動として、ジャワ島では「馬の図書館」、スマトラ島では「オートバイ図書館」、スラウェシ島では、「カヌー図書館」なども存在しています。多くの人々が本を求めているようです。しかし、どの地域もスマートフォンで動画や音楽を楽しむ習慣が普及しているので、ネットでの本の閲覧、動画での教育など、インターネット上でコンテンツを開発するほうが新たな可能性を感じます。今後のインドネシアのブックシーンから目が離せません。

インドネシアの国立図書館

インドネシアの気になる一冊

『Laskar Pelangi』（虹の少年たち）
Andrea Hirata　アンドレア・ヒラタ

インドネシアの小さな島に住む貧しい10人の子どもたちの成長物語。著者であるアンドレア・ヒラタの自伝的小説。国内だけで約500万部の大ヒット。世界で翻訳出版され、映画やTVドラマにもなった。

アジアの日本文学

アジアの書店でよく見かける日本の本は、圧倒的にマンガが多く、台湾や韓国では日本の雑誌が翻訳されずにそのまま輸入され、人気があります。小説では、吉本ばなな、村上春樹の作品がよく置かれています。最近では東野圭吾が圧倒的に高い知名度を誇っています。

Column : Japanese Literature in Asia

ベトナム語版、
村上春樹の『羊をめぐる冒険』

韓国語版、
夏目漱石の『吾輩は猫である』

中国語版、
太宰治の『人間失格』

タイ語版、
太宰治の『人間失格』

ヒンディー語版、黒柳徹子の
『窓ぎわのトットちゃん』

Papua New Guinea

秘境の博物誌

パプア ニューギニア

文字がない国の本屋さん

「パプアニューギニアに本屋さんなんてあるのだろうか?」もしあったらぜひとも見てみたいと思い、探してきました。南太平洋にあるパプアニューギニアは、赤道のすぐ南に位置し「世界で最も言語の豊かな国」といわれています。険しい山に囲まれ、部族間の交渉が少なかったことで、小さなコミュニティが独自の文化を発達させました。人口約600万人に対して、言語の数は800以上もあるのです。しかし、そのような複雑な文化を守るために、言語を記録することすらしていません。

空港に到着し、外に出るといきなり道端で新聞が売られていました。しかし本はありません。首都のポートモレスビーで、本屋について町の人に聞くと、みんな「本屋なんて行ったことがない」という答えが返ってきました。タクシーの運転手さんも本屋さんに行ったことがないといいます。ポートモレスビーは、治安が悪く、本屋さんを探してぶらぶら歩くには向いていないので、町の大きな市場に行ってみましたが、バナナ、ココナッツ、タロイモ、そして携帯電話ばかりが売られていて、やはり本は、まったく見かけませんでした。

みんなが「歩く絵本」

　ガイドさんに調べてもらうと、ようやく文房具屋さんの一角で本が売られていることがわかりました。小さな本屋さんです。置かれているのは学校の教科書ばかりで、雑誌は2種類だけ。意外なことに、2誌ともファッション誌でした。その他に売られている本は、ほとんどが地図や教科書に載っていそうな民話ばかりです。民話は村人にとっては、村の長老から代々語り継がれた大切な物語です。火はどうやって生まれたか？とか、ワニはなぜ神様か？など自然のなりたちが絵本のように、物語と絵でわかりやすく描かれています。店の人に聞くと「私たちは、物語の一部です。物語は文明よりも大切で、私たちは親から受け継いだ自分たちの物語を誇りに思っています」と言っていました。今でも口伝えで先祖代々の物語を語り継ぐパプアニューギニアの人々は「歩く絵本」のような存在なのです。

ポートモレスビーの本屋さん

路上の本屋さん

秘境の本、本の秘境

　ちなみに、パプアニューギニアのアマゾンと呼ばれる秘境、セピック川周辺の先住民の村で流行っているのが、なんとフェイスブック。電話会社がアンテナを立てた事で、1年位で急速に広まったそうです。洋服も着ていない、靴も履いていない人々が、スマートフォンを突然持ち始めたというすごい展開に驚きました。この村では、古代から変わらない独自の生活を守り、精霊を信仰して暮らしています。自分たちの祖先は「ワニ」だと信じており、体にワニのウロコのような模様を彫る儀式を行っていたり、縄目の文様がある土器を

使用していたりと、まさに古代の生活そのままの暮らしぶりです。なんといっても朝ご飯から普通に火焰型土器でお湯を沸かしているのですから。

　それにしても人生で紙の本を読んだことがない人々が、いきなり電子の文字を読むって、どんな気持ちなのでしょうか？　お世話になった家のおじさんは、「若い奴らがみんな携帯電話を欲しがって困る」と言っていました。電気が通っていない村では、携帯電話のために発電機を稼働させ充電しなくてはならないのです。不思議と、そんな風景がまるで「新しい民話」のように感じました。

少数民族の精霊「トゥブアン」

パプアニューギニアの気になる一冊

雑誌『Lily PNG magazine』（リリー）

パプアニューギニアの最新ファッション、ヘアスタイル、ライフスタイルなどの情報がギッシリ詰まったおしゃれな雑誌『リリー』。スーパーや文房具店などで購入可能。

懐かしくて、新しい

台湾 Taiwan

アジアをリードする台湾ブックシーン

「なぜそんなに台湾に行くんですか?」とよく聞かれます。実は「台日系カルチャー」をテーマにした『離譜(LIP)』という謎の雑誌を作っている田中佑典さんと出会ったのが、台湾に通うようになったきっかけです。一緒に東京や台湾でイベントを開催し、いつの間にかお互いに影響を受けるようになりました。台湾は以前から仕事で何度も取材したことがあり、好きな場所ではありましたが、改めて「カルチャー」という目線から台湾を眺めてみたら、新たな発見ばかりでした。

　台湾で有名な書店といえば「誠品書店」。他にも「金石堂書店(King Stone)」は1983年創業で約60店舗を展開。「何嘉仁書店(HESS BOOKSTORE)」は1990年創業のチェーン店。書店チェーンも健闘していますが、やはり台湾では独立系書店が面白い。元祖といえば、台北の中山にある「田園城市生活風格書店」。最も尊敬している存在です。オーナーである陳炳槮(ヴィンセント・チェン)さんが1994年に出版社を設立し、書店も始め、これまでに1000冊以上出版しているのだそうです。以前、ここでイベントを開催した際に本をたくさん見せてもらいましたが、形が六角形だったり、いろいろな紙が使われていたり、もはや本というより「世界最小の建築作品」とでもいうべき芸術品。いつ行っても刺激を受けます。

第1章　アジアの本屋さん

田園城市生活風格書店の店内

　2016年オープンの「朋丁(pon ding)」は、3階建ての古いアパートをリフォームしたアートブックを中心に扱うギャラリー兼書店。選書と展示のセンスの良さに感心させられます。

　「ボーヴェン雑誌圖書館(Boven)」は2015年にオープンした会員制の雑誌図書館。日本やアメリカの人気雑誌が約2万冊も閲覧できるシステムに驚きました。1日300元（約1080円）で利用可能。年間1000元（約3600円）で会員になると、カフェが無料で使え、さらに便利です。デザイナー、編集者、学生には、夢のような空間となっています。

全長300メートルの地下書店

　1989年に開業して以来、台湾文化全体を牽引してきた誠品書店は続々と新店舗を展開。1999年には敦南店で24時間営業を開始。カフェを併設するタイプの店は全世界の書店に影響を与えました。「Eslite

ボーヴェン雑誌圖書館

Café」は誠品書店が運営するカフェ。eslite（古いフランス語でエリートの意味）の名の通り、知的な場所であることを意味しています。なぜかカフェでは、電子書籍を読んでいる人も多く、いつ行っても満席です。日本の「蔦屋書店」が参考にしたともいわれ、「TIME」誌アジア版で「アジアで最も優れた書店」に選ばれたこともあります。また、各地で誠品書店出身のスタッフが独立するなど、新たな展開をみせています。2017年に誠品書店、創業者の呉清友さん

誠品R79

誠品書店松菸店

が逝去。新会長には、当時まだ40歳だった長女、呉旻潔さんが就任しました。台湾全土に41店舗、2012年に香港、2015年には中国に進出しています。2019年には、東京・日本橋の「コレド室町テラス」に「誠品生活」が開店しました。

　また、2017年に全長300メートルの地下通路書店「誠品R79」がオープンし、話題となりました。台北市の中心部、台北メトロ（MRT）中山駅から雙連駅に至る地下街が「地下書店街」となっているのです。寂れた地下通路が、トレンドをぎっしり濃縮した空間に大変身。台湾デザイナーのブランドショップやおしゃれな文房具、活版印刷体験ができる店まであります。こんな地下街、他の国にあるでしょうか。

　誠品書店の新しい形態の店舗「誠品生活松菸店」は、タバコ工場の跡地を利用した文化施設、松山文化園区にあります。新しい建物と、リノベーションした古い建物が混在するなんとも不思議な魅力

のある空間になっています。誠品生活松菸店が入る松山台北文創ビルの設計は、日本人建築家の伊東豊雄が手掛けていて、優雅な曲線とカラフルな色彩が目立ちます。建物の中も日本人好みの作りで、人気のファッションブランドやカフェなどが入っています。誠品書店は、トークやカルチャー講座、記者会見など、たくさんのイベントを開催しています。新刊発売時には有名な俳優がゲストに呼ばれ、テレビの取材を受けるなどして本のPRをして盛り上げており、この手法も成功の秘訣のひとつといえるでしょう。

VERY VERY GOODな本屋さん

　もうひとつの台湾ブックカルチャーのシンボルとなっているのが、VVGグループ。VVGというのは「VERY VERY GOOD」の略称で、毎年新しい流行を作り出している台湾のクリエイター集団。ここから始まった台湾の流行がアジア全体に大きな刺激を与えています。

　VVGは、オーナーの汪麗琴（Grace）さんが作り上げた理想郷です。始まりは1999年、台北の住宅街にオープンした小さなレストラン「好樣餐廳（VVG Bistro）」からでした。アメリカの情報サイトで「世界で最も美しい書店ベスト20」に選定された「好樣本事（VVG Something）」。古い酒造会社をリノベーションした異空間のカフェレストラン「好樣思維（VVG Thinking）」は、アンティークと本が絶妙なスタイリングで配置されています。他にも生地や手芸用品を扱うパン屋さん「好樣喜歡（VVG Chiffon）」や誠品生活松菸店の地下2F

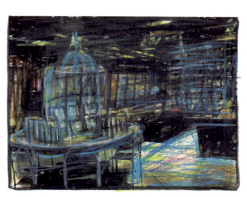

VVG Thinking

には映画館がテーマの「好様情事（VVG Action）」があります。「好様文房（VVG Chapter）」は日本統治時代に建てられた古民家の中でのんびり読書ができる完全予約制の新感覚図書館。秘境の中のおしゃれカフェレストラン「好様秘境（VVG Hideaway）」も人気です。台中に完成したメトロポリタン・オペラハウスのレストランやセレクトショップも手がけています。もはや、台湾の最新カルチャーはすべてVVGグループから発信されているかのようです。

ＡＴＭ式機械図書館

　台湾は、地下街、空港、公園と様々な場所に無人図書館が設置されていて、町全体が図書館のようになっています。大きな図書館を建てなくても、人件費をかけなくても、気軽に本の貸出・返却ができるすばらしい仕組みです。

　台湾最初の無人図書館は、2005年に大手スーパーマーケットのカルフール内に作られた「内湖智慧圖書館」。カルフールが場所を提供し、台北市立図書館が運営を行っています。現在は、ATMタイプの機械図書館「FastBook24小時借書站」（24時間貸出ポイント）が増えてより便利に。ぜひ日本でも導入して欲しいものです。

| 台中・たいちゅう |

遊牧的書店はどこへ行くのか？

アーキュパイ

台中の「アーキュパイ（Artqpie）」はZINEの制作も手がける若い編集者・AJさんが運営するインディーズ書店。使われていない場所を無償提供してもらい、遊牧的書店を運営しています。すごいアイデアです。彼は本を通じて、生活を演出するライフ・キュレイター（Life Curator）でありたいと言っていました。また、ビオトープ（Biotope）を意識した哲学者でもあると感じました。ここでは、本を媒体にした新しい活動を実践していて、本の出版やイベントを通じて、本と人をつないでいます。まさに台湾の小さな「つなぎ場」です。場所を無料で借りながら運営する新しいノマド型書店。こんな遊牧する本屋さんが、世界中に増えたら楽しいと思います。

これからの時代に必要になるのは、みんなの共同書店のような、外付けハードディスク的空間なのかもしれない。精神的にも、物質的にも。本屋さんは、情報を詰めこんだ箱じゃない。アイデアやヒントを刺激する夢の宝箱なんだ、と実感しました。

台中の町並み

高雄・たかお｜台南・たいなん

新しい高雄のブックシーン

　台湾南部に位置する都市、高雄周辺も盛り上がっています。高速鉄道が開通し、台北から日帰りで行くことも可能になり、とても便利になりました。高雄は歴史ある港町で、日本統治時代の古い町並みも残っています。「高雄市立圖書館」は2015年にオープン。日本を代表する建築家、伊東豊雄と台湾が共同で設計。ガラスでできた巨大なデパートのような迫力です。8階建てで、屋上には散歩コース「新湾花園」と「露天劇場」があって、庭園と絶景が楽しめます。高雄湾に沈む夕日もちょう

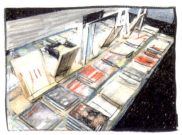
高雄市立圖書館の目隠し本

一二三亭の店内

どいい角度で見られます。地下1階には、世界で初めての「国際絵本センター」と「児童劇場」、1階にはレストラン、2階にはカフェがあります。また、館内には、あえて封筒に入れ目隠しし、内容のヒントを書いたメモが添えられた本も置かれていて遊び心満載。とにかくアイデアと愛情がぎっしり詰まったユニークな図書館なのです。地元の学生たちのデートスポットとしても人気があり、こんな図書館が近くにあったら、毎日通ってしまいそうな気がします。

　「書店喫茶　一二三亭(ひふみてい)」は2013年にオープンした、日本統治時代の料亭をリノベーションした素敵なブックカフェ。1920年に建てられた当時の空気感がそのまま残っていて、まる

一二三亭のスイーツ

で時間が止まっているようです。壁一面にたくさんの本が並べられていて、自由に読むことができます。地元クリエイターが作ったZINEの他、日本の小説も置いてあって、一日中のんびりできるオススメのカフェです。

図書館式ブックカフェの心地よさ

　台南では、図書館スタイルのブックカフェ「ルーム・エー（Room A）」が最高でした。アンティークな家具がバラバラと置かれ、カウンター席が窓に向かってずらりと並んでいます。テラス席では本を読むことができ、晴れた日は光が差し込み楽園のようです。何時間でもいたくなってしまうような居心地の良さ。朝の10時から13時は朝食タイム、13時から22時30分は1時間60台湾元（約216円）で利用できます。コーヒー、紅茶などが飲み放題で、日本のネットカフェに近いシステム。やはり、世界のブックシーンは、シェア型に移行しつつあります。最近では、ウェブサイトのエアビーアンドビー（Airbnb）で宿泊施設を借りて世界を旅し、ノマドな暮らしを送る人も増えてきました。そんな人たちにとって、ここは、オフィスでもあり、遊び場でもあります。これからは、みんなで共有する本のある空間がますます増えていくのかもしれません。

ルーム・エーの店内

※1台湾元＝3.6円で換算しています

> かつては、日本で「外国文学」というと欧米文学が中心でしたが、近年、韓国や台湾の作家などの書籍も数多く翻訳されるようになりました。詩、短編、日記など個人の目線で物語が展開する作品が多いのが特徴。日本の影響も受けながら発展したアジア文学は、今、最も注目すべき存在。

アジアの作家図鑑

近代中国文学の祖
魯迅
1881-1936

代表作は『狂人日記』、『孔乙己』、『故郷』、『阿Q正伝』

ノーベル文学賞受賞の中国人作家
莫言(ばくげん)
1955-

代表作は『紅い高粱(こうりゃん)』、『花束を抱く女』、『酒国(しゅこく)』、『白檀の刑(びゃくだん)』

チベット仏教の最高指導者
ダライ・ラマ14世
1935-

代表作は『ダライ・ラマ自伝』、『チベット仏教の概要』、『智慧の眼』

近代インド文学最高峰の詩人
ラビンドラナート・タゴール
1861-1941

1913年、ノーベル文学賞受賞。代表作は詩集『ギタンジャリ』、小説『ゴーラ』

台湾を代表する若手スター作家
呉明益(ご めいえき)
1971-

短編集『本日公休』でデビュー。代表作は『複眼人』、『歩道橋の魔術師』、『自転車泥棒』

タイを代表するマルチな小説家
プラープダー・ユン
1973-

代表作は『地球で最後のふたり』、『鏡の中を数える』、『座右の日本』

ブッカー賞(イギリスの文学賞)受賞の韓国人作家
ハン・ガン
1970-

父は小説家のハン・スンウォン。代表作は『菜食主義者』、『そっと静かに』

韓国の人気若手小説家
ピョン・ヘヨン
1972-

暗くて残酷でグロテスクな作風が特徴。代表作は『アオイガーデン』、『飼育場の方に』

Column : Asian Writers

第 2 章
ヨーロッパの本屋さん
ヨーロッパ／中東
Chapter 2. Bookstores in Europe, Europe / Middle East

France
フランス

本の楽園

なぜか減らないパリの小さな書店

　パリは、本の楽園です。歩いているだけで、1冊の本の中に迷い込んだような気持ちになります。フランスは20歳の頃、生まれて初めて訪れた外国。それ以来、10回以上訪問していますが、ずっと魅力が変わっていません。最初に行った時も「本屋めぐり」をするのが目的で、珍しい美術書を探し、何軒もハシゴしたのをよく覚えています。そんなパリをひさしぶりにブラブラ歩いてみました。
　「フランス人は本を愛する国民性」といわれ、今でも紙の本が愛されています。人口は、日本の約半分ほどですが、出版点数は日本とほぼ同じくらいだそうです。とはいえ、書店業界は日本同様に大不況。ここ数年、フランスの書店全体の売り上げは、毎年落ち続けています。2013年末には、フランスの書店チェーン「シャピトル（Chapitre）」が倒産。2015年には、日本語の書籍を扱っていた「ブックオフオペラ店」も閉店しました。それでも、不思議なことにフランスでは個人が経営する小さな書店が減っておらず、20年前とほとんど変わっていないような印象です。

パリの古書店

今はフランスでもアマゾンが大人気。しかし、オンライン書店から国内の書店を守るため、2014年にいわゆる「反アマゾン法（オンライン書店が値引きした書籍を無料配送することを禁じる法案）」を施行したのは有名な話です。この法律によってアマゾンは「割引」と「送料無料」ができなくなりました。書店を守ろうとしているフランスの文化度の高さに感心させられます。

アートの町のアートな本屋さん

パリといえば、アートブック。世界屈指のブックフェア「リーヴル・パリ（Livre Paris）」が毎年3月に開催され、貴重な芸術関係の本がフランスに集まります。また、写真集がメインのアートブックフェア「オフプリント（Offprint）」や「ポリコピー（Polycopies）」なども開催され、個性豊かな本が世界中から集まる国としても知られています。

「ガリマール（Gallimard）」は1921年に出版社が作った人気の書店。スタイリッシュな内装の店内にデザイン、アート系の本が網羅されています。「タッシェン・ストア・パリ（TASCHEN Store Paris）」は、美しいデザインの美術書を、低価格で販売することで知られるドイツの出版社タッシェン（TASCHEN）の本屋さん。ここには、1999年に出版されたヘルムート・ニュートンの世界一巨大な大型限定写真集『Helmut Newton's SUMO』（なんと464ページ、30キロもある本）が置いてあります。

また、フランス最大級のコンテンポラリーアート美術館「パレ・ド・トーキョー」内に本屋「パレ・ド・トーキョー・ブック・ストア（Palais de Tokyo Book Store）」が2017年にオープン。ドイツのアート系出版社ウォルター・ケーニッヒ（Walther König）とフランスの美術雑誌『カイエ・ダール（Cahiers d'Art）』が立ち上げたこの本屋さんは、何かと話題となっていて、さすが芸術の都という感じです。

マレ地区にある世界的に人気のセレクトショップ「メルシー（Merci）」も訪ねてみました。ブックカフェ「ユーズド・ブック・カフェ（Used Book Cafe）」があり、いつも満席。インテリアのセンス

　　　メルシーの店先　　　　　　　メルシー内のユーズド・ブック・カフェ

も抜群に良く、クリスマスツリーをフィアット500に突き刺し、飾っていました。倉庫のようなシンプルな店内は、入り口から想像できないほど奥行きがあり、様々なジャンルのセレクト雑貨が並んでいます。文具も充実していました。

　近くには、B.D.（ベデ）と呼ばれるフランスのマンガ「バンド・デシネ（Bande Dessinée）」の専門店もありました。『タンタンの冒険』などが、今でも人気です。バンド・デシネ界の巨匠メビウスは、大友克洋や松本大洋などの日本の漫画家が影響を公言しているし、宮崎駿監督も、かなりヒントをもらっているそうです。アニメーションも見えない所で文化交流がずっと続いているのを感じます。

　最近では「ラ・ベル・オルテンス（La Belle Hortense）」という夜中までオープンしている読書バーも人気です。鮮やかな青色で塗られたギャラリーのような外観。普通のバーかと思いきや、奥に書斎があり、読書を楽しむことができます。インテリ層の多いフランスらしい店です。

　　　　　　　　　　　　　　　　　バンド・デシネ専門店

ご購入ありがとうございました。ぜひご意見をお聞かせください。

■ ご購入書籍名

（ご購入日：　　　年　　月　　日　店名：　　　　　　　　　）

■ 本書をどうやってお知りになりましたか？

　□ 書店で実物を見て
　□ 新聞・雑誌・ウェブサイト（媒体名　　　　　　　　　　　）
　□ テレビ・ラジオ（番組名　　　　　　　　　　　　　　　　）
　□ その他（　　　　　　　　　　　　　　　　　　　　　　　）

■ お買い求めの動機を教えてください（複数回答可）

　□ タイトル　□ 著者　□ 帯　□ 装丁　□ テーマ　□ 内容　□ 広告・書評
　□ その他（　　　　　　　　　　　　　　　　　　　　　　　）

■ 本書へのご意見・ご感想をお聞かせください

**■ よくご覧になる新聞、雑誌、ウェブサイト、テレビ、
　よくお聞きになるラジオなどを教えてください**

■ご興味をお持ちのテーマや人物などを教えてください

ご記入ありがとうございました。

POST CARD

料金受取人払郵便

小石川局承認

8662

差出有効期間
2021 年
3 月 20 日まで
（切手不要）

1 1 2 - 8 7 9 0

127

東京都文京区千石 4-39-17

株式会社　産業編集センター

出版部　行

||ⅱ|ⅼ|ⅼ|ⅱ|ⅱ|ⅼ|ⅱ|ⅼ|ⅼ|ⅱ|ⅼ|ⅱ|ⅼ|ⅱ|ⅼ|ⅱ|ⅼ|ⅱ|ⅼ|ⅼ|ⅼ|ⅱ|ⅼ|ⅼ|ⅱ|ⅼ|ⅼ|ⅱ|ⅼ|ⅱ|ⅼ|ⅱ|

★この度はご購読をありがとうございました。
お預かりした個人情報は、今後の本作りの参考にさせていただきます。
お客様の個人情報は法律で定められている場合を除き、ご本人の同意を得ず第三者に提供する
ことはありません。また、個人情報管理の業務委託はいたしません。詳細につきましては、
「個人情報問合せ窓口」（TEL：03-5395-5311〈平日 10:00 ～ 17:00〉）にお問い合わせいただくか
「個人情報の取り扱いについて」（http://www.shc.co.jp/company/privacy/）をご確認ください。

※上記ご確認いただき、ご承諾いただける方は下記にご記入の上、ご送付ください。

株式会社 産業編集センター　個人情報保護管理者

ふりがな

氏　名

（男・女／　　　歳）

ご住所　〒

TEL：

E-mail：

| 新刊情報を DM・メールなどでご案内してもよろしいですか？ | □可　□不可 | |
| ご感想を広告などに使用してもよろしいですか？ | □実名で可　□匿名で可　□不可 | |

世界遺産の青空書店

　フランスでは、散歩していると、いろいろな場所で本を見かけます。友人同士で本を貸し借りしたり、読まなくなった本を交換したりする本棚が置いてあるスペースも多く、特に、リュクサンブール公園の近くは古本屋さんだらけです。「Librairie FATA LIBELLI Galerie」を訪ねてみましたが、ブックディーラーと呼ばれている店は非常に入りにくいです（……というかアポ無しでは入れません）。外から、眺めてみても、すごい本ばかりが並んでいるのがわかります。出版社兼書店の「ジョゼ・コルティ（José Corti）」もあります。創設者ジョゼ・コルティは、1925年に出版社を設立。ダダイスム、シュルレアリスム関係の雑誌や単行本を刊行してきたことで知られています。アラゴン、ブルトン、エリュアール、バシュラールとも関わりが深かったそうです。

　骨董市やセーヌ川沿いの「ブキニスト（Bouquinistes）」も本屋めぐりには、欠かせません。「ブキニスト」とは、本を売る屋台のような古本屋のこと。ここは世界的にも歴史の古い、本の青空市です。晴れた日の午後になると、屋台のふたが開いて本屋さんになります。200軒以上の緑色の屋台があり、古本やポスター、ポストカードなどが売られています。16世紀から営業をしており、なんと世界遺産にも指定されているのです。出店料の徴収、課税も免除されているのだとか。さすがフランスです。古い本が多いので、見るだけで博物館の展示品に触れているような気になります。ひとつの店が、いくつも「箱（ブース）」を持っているので、誰がどのブースの店員さんなのか、よくわかりませんが、パリに

Librairie FATA LIBELLI Galerie

セーヌ川沿いのブキニスト

行ったらまずここをのんびり歩くのがオススメ。

　また、青空市といえば、パリでは古本の市も開かれています。ヴァンヴの蚤の市近くにある、ジョルジュ・ブラッサンス公園では、毎週末に古本市が開催されており、雑誌、小説、絵本など、貴重な本が売られています。

元祖「哲学カフェ」

　バスティーユ広場にある「カフェ・デ・ファール（Café des Phares）」を訪ねてみました。通称「カフェ・フィロ（哲学カフェ）」。一見、普通のカフェに見えますが、週末になると「哲学カフェ」になります。哲学者のマルク・ソーテがある日曜日、午前11時から友人たちと2時間ほどの討論を始めたのがきっかけだそうです。「死とは何か」「時間とは何か」など、哲学好きのフランス人たちが集まって、ただただ議論するのですが、1992年から今までずっと続いていることに

カフェ・デ・ファール

感心させられます。参加無料。誰でも自由に参加できます。

　日本でも10年ほど前から哲学を語る「哲学カフェ」が流行し、今も全国の小さなカフェなどで多くの哲学イベントが開催されています。フランス人に「日本でも哲学カフェを真似していて、流行しているんですよ」と話すと、とても驚いていました。数年前、世界の読書会を取材するため、各国の文学事情を調べた時、日本がダントツで読書イベントが多いと知りました。もともとはフランスやアメリカからやってきた読書カルチャーが本場を超えて、独自に進化していたのです。

短編小説の自動販売機

　パリのリヨン駅で不思議な細長い機械を見つけました。2011年に開発された「ショート・エディション（Short Edition）」というレシート状の紙で読む超短編小説の自動販売機です。無料で提供されている物語が、1分、3分、5分の3種類の中から選びボタンを押す

短編小説の自動販売機

と、プリントアウトされるのです。作品の数は、なんと約1200万点。オンライン上で短編小説コンテストが開催され、作品数は増え続けています。フランス語なので読めませんでしたが、現在、アメリカで英語版も実験的に始まったそうです。フランスの鉄道（SNCF）や地下鉄の駅、空港や病院など、100ヵ所以上に設置されており、待ち時間が読書の時間に早変わりするという魔法のシステムです。課金制でもよいので日本でも導入されたら人気が出そう。日本中の駅に設置し、芥川賞作家や直木賞作家が超短編小説を書いたら盛り上がるのではないでしょうか。

　パリの地下鉄、カフェではKindleやiPadで読書を楽しむ人たちをよく目にします。書籍の電子化に柔軟に対応しつつ、紙で読む短編小説の自動販売機で新しい読書文化を楽しむフランスには、見習うことも多いと感じました。

フランス版「蔦屋書店」と「ブックオフ」

　フランスの大手書店チェーンといえば、1954年創業の「フナック（Fnac）」です。全世界で780店舗ほどを展開している大企業で、本だけでなく、CD、DVD、テレビゲーム、カメラ、コンサートのチケットまで売っています。音響機器、電化製品まで売っているのは二子玉川の「蔦屋家電」を思わせるような作り。作家が参加する討論会、イベント、音楽会などを行い、文化の発信源としても知られています。黒を基調とした大人っぽい店内は、日本で言うと「蔦屋書店」のような雰囲気です。マンガ、アニメコーナーも充実していてスタジオジブリ作品の本とDVDがたくさん並んでいるのが印象的。『魔女の宅急便』は『Kiki La Petite Sorcière（小さい魔女キキ）』、『千と千尋の神隠し』は『Le Voyage de Chihiro（千尋の旅）』、『おもひでぽろぽろ』は『OMOIDE POROPORO』として売られていました。

　他にも本屋さんを探していると、「ブックオフ」を発見。パリに現在2店舗（2019年9月時点）あるそうです。「買い取ります」のポスターが、どこかフランスっぽくておもしろい。3冊9ユーロ（約1080円）という設定は、やはりブックオフ価格で、かなり安めな印象。こ

パリのブックオフ

3冊9ユーロ

ブックオフのしおり

こでは『1Q84』を買いましたが、5ユーロ（約600円）でした。店員さんも日本と同じような雰囲気を醸し出しています。オリジナルのしおりがあり、裏にピカソの名言が書いてありました。さすがフランス、という感じです。レシートのデザインは日本と同じでした。

ケレー通りのマンガ屋さん

　バスティーユ広場近くのマンガを販売する店が集まるケレー通り（Rue Kaller）、通称マンガ通りへ。どの店も、日本のマンガばかり並んでいます。平日の昼間から、コスプレした人がたくさん買い物に来ていて驚きました。中には「ゴスロリ」ショップもあり、フランス人のゴスロリは、コスプレというよりは、単なる正装に見えてしまうのが不思議なところです。

本の手紙を書く本屋さん

　フランスで大きな書店といえば、パリのカルチェラタンにある学生御用達の書店「ジベール・ジュンヌ（Gibert Jeune）」、そして兄弟会社の「ジベール・ジョセフ（Gibert Joseph）」です。ジベール・ジュンヌはサンミシェル駅近くにあり、黄色い看板が目印。「紀伊國屋書店」のような大きな店です。古本と新刊が交ぜて売られていて、古本には、黄色いラベルが貼ってあります。同じ本が違う値段で売られているのは、とても珍しいシステムだと思いますが、古い物を大切にするフランス人だから成立する仕組みなのかもしれません。

　フランスでは、特に小説が人気です。日本文学も数多く翻訳されていました。三島由紀夫、川端康成、大江健三郎、小川洋子、角田光代、川上弘美、村上春樹がよく読まれています。川端康成の『眠れる美女』は、チョコレートのパッケージみたいな美しい装丁でリボン付き。フランス人の日本文学好きが伝わってきます。村上春樹の『1Q84』が出たときは、発売日に行列ができたそうです。吉本ば

ジベール・ジュンヌ

なな、村上龍、綿矢りさの小説も何冊もありましたが、少し奇妙な装丁でした。古本の値段は5ユーロ（約600円）程度で、定価の半額程度で買うことができました。

　アニメ、マンガの品ぞろえも素晴らしく『ONE PIECE（ワンピース）』、『NARUTO-ナルト-』などがずらりと並んでいました。パリで手書きポップ（メモ）を見かけたのはここだけでしたが、クリップで止められており、とてもおしゃれ。まるで読者に宛てた手紙のようで、日本でも真似できそうです。日本に比べてシンプルなポップが多いフランス。フランス人が日本の書店を訪れたら、手書きポップの豊富さに驚くかもしれません。

　ここでは、店員さんオススメの本をいろいろと買いました。クリスティーヌ・モンタルベッティやフィリップ・ジャコテなど。現代フランス文学作家のコーナーを見ても、ほとんどが知らない作家でしたが、本を先に買って、後から作家を知っていくのも良いかと思いました。日本を題材にしているベルギーのベストセラー作家アメリー・ノートンの本が、たくさん並んでいるのも印象的でした。

川端康成の『眠れる美女』

綿矢りさの小説

世界が憧れる夢の本屋さん

　パリの本屋さんといえば、5区、セーヌ川左岸にある「シェイクスピア・アンド・カンパニー（Shakespeare and Company）」です。世

界中の本屋マニアが憧れる聖地のような存在。年代を重ねた古書の香りがする店内にいると、タイムスリップしたような感覚に陥ります。本棚に大胆に花が活けてあるのが素敵でした。本の販売だけでなく、小説家になりたい人は、ここで働きながら滞在できるというシステムも素晴らしい。また1万冊の蔵書を持つ英文学専門の図書室も併設している（閲覧のみ）歴史ある英文学専門店なのです。

初代の店舗が開店したのは1919年。初代シェイクスピア・アンド・カンパニーは、ニュージャージーから移住してきたアメリカ人女性シルヴィア・ビーチによってオープン。スコット・フィッツジェラルド、アーネスト・ヘミングウェイら作家たちも通ったといわれています。また、かつてアメリカとイギリスで発禁処分を受けていたアイルランド作家ジェイムズ・ジョイスの小説『ユリシーズ』の最初の出版元となったこともあります。

シェイクスピア・アンド・カンパニー

残念ながら第二次世界大戦の影響で1941年に閉店。しかし、初代オーナーの知人ジョージ・ウィットマンが意思を引き継ぎ、1962年に2代目シェイクスピア・アンド・カンパニーの名を引き継いだのです。そして、現在では、トークや朗読会などのイベントが頻繁に行われ、世界のブックカルチャーのリーダー的存在となりました。日本でも本を使った場作りが盛んに行われていますが、ここがそのルーツだといえるかもしれません。2015年には、隣に「シェイクスピア・アンド・カンパニー・カフェ」がオープン。さらに楽しみが増え、ますます世界の本屋さんたちの憧れの場となりそうです。

第2章　ヨーロッパの本屋さん

※1ユーロ＝120円で換算しています

グルメと芸術の都
ベルギー

クック・アンド・ブック

本と食のテーマパーク

　ベルギーといえば美食の町。ブリュッセルに行く時は、必ず死ぬほどムール貝のワイン蒸しを食べるのですが、本当に美味なのでオススメです。他にもゴディバ、ノイハウスなどのチョコレートや、ベルギーワッフルなど、おいしい食べ物がたくさんあります。ファッションの国でもあり、ドリス・ヴァン・ノッテン、ダーク・ビッケンバーグ、マルタン・マルジェラなど、ベルギーのアントワープ王立芸術学院出身のクリエイターが世界のファッションをリードしています。有名な画家も多くいます。ジェームズ・アンソール、フェルナン・クノップフ、ポール・デルヴォー、ルネ・マグリットなど幻想系やシュルレアリスムの作家が多い国。

　そんな芸術の町ブリュッセルに2006年オープンした「クック・アンド・ブック（Cook & Book）」を訪ねました。とにかく広い店内。本のジャンルごとに、全く違うインテリアの部屋を作り、分けるという見事なアイデア。天井からたくさんの本をぶらさげたオブジェや、店内に車を置く演出など、どこを見てもゴージャスなアート作品のような空間。売り場内に飲食スペースがいくつもあり、本屋さんとレストランが見事に融合しています。まさに「本と食のテーマパーク」という感じの施設です。朝食やランチにワインやシャンパンを楽しみながら本を選べるという新感覚書店なのです。東京の「代官山蔦屋書店」の2階にあるライブラリーラウンジ「アンジン（Anjin）」が拡張したような感じでしょうか。これからますます世界的に流行りそうな予感がします。

Belgium

元ジャズクラブの美しすぎる本屋さん

　ベルギーで本屋さんといえば、1919年創業の老舗大型書店チェーン「スタンダールド・ブークハンデル（Standaard Boekhandel）」が100店舗以上を展開。目玉の大きい知恵の神様フクロウがシンボルマークの本屋さん。品ぞろえも豊富で、日本における「MARUZEN & ジュンク堂書店」のような立ち位置です。また、フランスの大手チェーン「フナック」も1981年からベルギーに進出しています。

スタンダールド・ブークハンデル

　しかし、訪れるべきなのは、「トロピズム（Tropismes）」です。ヨーロッパ最古のアーケードといわれる観光名所「ギャルリー・サンチュベール」にある美しすぎる本屋さんです。1960年代は「ブルーノート」という有名なジャズクラブだった場所ですが、リノベーションして1984年に書店としてオープン。店内にある鏡は当時のままで、時代の空気をそのまま伝える貴重な存在。至る所にベルギーらしい美意識が感じられます。

　また、ベルギーに来て驚いたのは、公立の図書館でも貸出サービスが有料ということ。約50の公立図書館は、有料貸出となっています。800円ほどで会員登録し、年間無料で借りるか、あるいは1冊ごとに50〜80円くらい払うという仕組み。もちろん施設利用、閲覧、司書への相談は無料です。図書館を健全に運営するために館外貸出のみ有料というシステムは、とても合理的。現実的な運営を考えるともっと普及してもおかしくない気がしました。

　　ベルギーの気になる一冊

『Stupeur et tremblements』（畏れ慄いて）
Amélie Nothomb　アメリー・ノートン

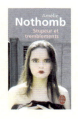

駐日ベルギー大使の娘として日本で生まれ育った女性が日本の大手商社で働いた経験を描いた小説。フランスでもベストセラーとなった問題作。

第2章　ヨーロッパの本屋さん

オランダ

The Nederland

奇跡の本棚

教会の本屋さん

　オランダといえば、フェルメール、レンブラント、ゴッホ。名画の宝庫として知られていますが、実は、すごい本屋さんがたくさんあるのもオランダです。

　オランダ南部の町、マーストリヒトには、14世紀建造の聖ドミニカ教会を改装した本屋さん「ドミニカネン書店（Boekhandel Dominicanen）」があります。英・ガーディアン紙の「世界の素晴らしい書店10選」の1つに選ばれたこともあります。天井には美しいフレスコ画が残されていて、荘厳な雰囲気。かつては、18世紀末にオランダを占領したフランス革命軍が厩舎（きゅうしゃ）として使用していました。その後は、消防署やコンサートホール、ボクシング会場などに使われ、最後に本屋さんになったのです。2006年、オランダの大手書店「セレクシス（Selexyz）」の手で本屋さんに生まれ変わりました。しかし、セレクシスは2012年に倒産。その後は、大手書店チェーンの

ドミニカネン書店

「リブリス（Libris）」が運営しています。この会社はオランダ全土に100店舗以上を展開しています。また同一コンセプトの教会書店としてオランダ東部、ズウォレの街には、15世紀に建てられた教会をリノベーションして2013年にオープンした美しい書店「ワンダース・イン・デ・ブルーレン（Waanders In de Broeren）」もあります。

この他にも、「アテナウム書店（Athenaeum Boekhandel）」はオランダの独立系書店で5店舗ほど展開。1899年創業で古書も扱うチェーン「デ・スレグテ（De Slegte）」などもあります。

ピアノが鳴り響く読書空間

日本では図書館といえば静かなイメージがありますが、オランダの図書館では、おしゃべりが許されており、話をしていても注意されることはありません。また、飲食が認められているところや、ピアノの演奏ができるところもあるのだとか。図書館は地域コミュニティの中心地という意識が強いのです。

「アムステルダム中央図書館」は、地下1階、地上9階建ての図書館で、ヨー・クーネンというオランダ人建築家が設計しました。本の閲覧や貸し出しだけではありません。音楽鑑賞やゲームをすることができたり、DVDを鑑賞したりできます。カフェや最上階に「La PLACE」というレストランまであります。平日は朝8時から夜10時（週末は10〜22時）まで開館しているというのも理想的。席は1000席もあり、内300席がコンピューター付き。このような空間が近くにあったら人生が変わってしまいそうです。

アムステルダム中央図書館

オランダの気になる一冊

『The Secret Diary of Hendrik Groen, 83¼ Years Old』(83 1/4歳の素晴らしき日々)
Hendrik Groen　ヘンドリック・フルーン

高福祉国家オランダのケアハウスを舞台にした老人小説。文芸ウェブサイト上で連載され、のちに出版された。人口1700万人のオランダで32万部の大ヒット。テレビドラマ化された。

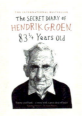

ベルリンの大型書店ドゥスマン

ドイツ

印刷王国と本

本は、大切な贈りもの

　ドイツといえば、活版印刷技術を発明したといわれているヨハネス・グーテンベルクが生まれた国。また、毎年10月に開催される世界最大の本の見本市「フランクフルト・ブックフェア」には、版権の売買を行うために、日本からも多くの出版社が訪れます。そんな本の王国には、現在書店が約3700店ほどあるといわれています。昔から「本がない部屋は、魂のない身体と同じ」といわれるほど、ドイツ人は読書を愛する国民性。誕生日プレゼントやお土産によく本を購入しますし、クリスマスプレゼントの人気商品、第1位がなんと「本」なのだとか。僕も何度かドイツ人に本をもらったことがありますが、とてもうれしかったのを覚えています。

　そんなドイツですが、明るい話題ばかりではありません。1900年に創設されたデュッセルドルフの老舗大型書店「シュターンベラーグ（Stern-Verlag）」は2016年に経営破綻。ドイツ最大手の取次「コッホ、ネフ＆フォルクマール（Koch, Neff & Volckmar）」も2019年に倒産し、書店への影響が心配されています。

　一方で、1893年創業でミュンヘンに本社を持つ老舗書店チェーン「フーゲンドゥーベル（Hugendubel）」や1919年創業の「タリア（Thalia）」などは、まだまだ紙の本で健闘している様子です。また、独立系書店も増えつつあります。

Germany

本の総合デパート

　ベルリンの大型書店「ドゥスマン（Dussmann）」を訪ねてみました。1997年にオープンし、地下1階から4階までの5フロアがあり、カルチャーの総合デパートといった雰囲気。台湾の「誠品書店」や新宿の「紀伊國屋書店新宿本店」のような感じです。平日の営業時間は朝9時から夜はなんと夜中の24時（土曜日は9時〜23時30分）までというのが驚きです。本だけでなく文房具、CD、DVDも幅広く扱っています。店内には椅子やソファがあり、ゆっくり座り読みができて便利です。また、カフェもあり何時間でもいられそうな作りになっています。

　美術系出版社ゲシュタルテン（Gestalten）やタッシェンなど素晴らしい作品を生み出してきたドイツ。世界一美しい本を作る男と呼ばれている、ゲルハルト・シュタイデルが作った出版社シュタイデル（STEIDL）の本もありました。シュタイデルの本は特に、インクの香りが強く、本を五感で楽しむことができます。

ドゥスマンの店内

ドイツの気になる一冊

『Er ist wieder da』（帰ってきたヒトラー）
Timur Vermes　ティムール・ヴェルメシュ

ドイツのジャーナリストで、作家、翻訳家のティムール・ヴェルメシュが書いた風刺小説。ドイツでベストセラーになり、映画化された。

第2章　ヨーロッパの本屋さん

Switzerland
スイス

本は魂のアルプス

創業500年の老舗書店

　美しいアルプスの山々に囲まれた、永世中立国スイス。4つの言語を公用語とし、多様な文化が交錯することでも知られています。オメガ、フランク・ミューラー、ロレックスなどの高級時計や、『アルプスの少女ハイジ』などでも知られたのどかな場所。かと思いきや、軍隊があったり、戦車などの兵器輸出国だったりと不思議なことばかりの国でもあります。

　「オレル・フュッスリ（Orell Füssli）」はドイツ語系の大きな書店で、国内に30店舗ほどあります。この会社、実は16世紀頃チューリヒで聖書の制作を始め、現在でも書籍、紙幣やパスポートの印刷も行っている超老舗なのです。小説、旅、料理、マンガ、雑誌、語学などどんなジャンルの本でもそろう、人気の本屋さんとして市民に愛されています。チューリヒ市内では駅や空港などにも入っているので便利です。

　他にも有名書店チェーンとしてはドイツ語圏最大の書店のひとつ「リュティ・バルマー・ストッカー（Lüthy Balmer Stocker）」、1875年に設立されたフランス語系老舗書店チェーン「パヨット（Payot）」などがあります。

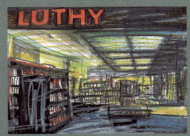
リュティ・バルマー・ストッカー

パヨット

ザンクト・ガレン修道院附属図書館

図書館は「魂の病院」

　スイス人作家はみなオタク的な気質があります。エイリアンを描いた芸術家ギーガー、映画監督ゴダール（母がスイス人）、画家のホドラー、彫刻家のジャン・ティンゲリー、バウハウスの指導者ヨハネス・イッテン、パウル・クレー。そして、細い人体の彫刻家で知られるジャコメッティ。なぜか好きな作家ばかりです。

　また、スイスといえば、アートブックやZINEも人気。チューリヒには、写真、絵本、建築などが扱われている老舗の古本屋さん「ビューハ・ブロッキ（Bücher Brocky）」、建築やデザインの専門書を扱う「ホッホパルティール（Hochparterre）」などもあります。

　さらに秘密の場所がチューリヒから電車で約1時間、スイス東部のザンクト・ガレンにあります。8世紀頃につくられ、18世紀に改装されたバロック建築の傑作といわれる「ザンクト・ガレン修道院附属図書館」です。17万冊もの蔵書があり、スイス最古で世界最大級の中世の図書館です。入口には「魂の病院」という看板が掲げられています。これは中世では教養がないことは病気だと考えられていたため、図書館はそれを癒す場所、という意味で付けられたのだとか。近くに行った際はぜひお立ち寄り下さい。

スイスの気になる一冊

『Unterm Rad』（車輪の下）
Hermann Hesse　ヘルマン・ヘッセ

天才的な才能を持ち、エリート養成学校である神学校に入学した少年ハンスの姿を描く自伝的長編小説。

オーストリア国立図書館

Austria
オーストリア

宮廷文化と本

Chapter 2. Bookstores in Europe Ⅲ Austria

世界で一番豪華な「本の宮殿」

　首都ウィーンの町は、とにかく華やかです。歩いているだけでこんなに優雅な気持ちになる都市は、珍しいのではないかと思います。
　世界一豪華と称される「オーストリア国立図書館」を訪ねました。ハプスブルク家の歴代皇帝が、13世紀から20世紀初頭まで居城としていたホーフブルク宮殿は、ウィーン旧市街に位置する白亜の宮殿。その一角にあるこの図書館は、オーストリア最大の740万点を収蔵しているそうです。とにかく映画のセットのように幻想的。バロック様式のホールは、長さ80m、高さ20m。壮大なフレスコ画で装飾されています。元々は王室の宮廷図書館でしたが、1920年に国立図書館として一般に開放されました。

マンガとムラカミ

　オーストリアは、モーツァルト、ハイドン、シューベルト、マーラーなどが世界に知られる音楽の国。グスタフ・クリムト、エゴン・シーレなど世紀末のウィーンを代表する画家も数多く輩出してきました。そんな文化の国オーストリアは読書も盛んで、本屋さんもたくさんあります。

「タリア（Thalia）」は1919年に設立されたドイツの書店チェーン。オーストリア国内に約30店舗を展開しています。ウィーン最大規模のマリアヒルファー通り店の店内は広く、ソファや椅子がたくさんあり、座ってゆっくり読みながら本を選べます。日本の書籍は、マンガと村上春樹がずらりと並んでいました。ドイツ語圏でも村上春樹は全作品翻訳され、熱狂的なファンが多い様子。文房具、CD、おもちゃも販売。カフェもあって快適です。全体的に京都の「丸善京都本店」のような雰囲気です。

タリア

ウェルトビルト

　他にも、1948年に設立された書店チェーン「ウェルトビルト（Weltbild）」はミュンヘンに本社を置くドイツの出版グループ。オーストリアに5店舗、ドイツに50店舗以上展開しています。この他にも出版社兼書店チェーンの「チロリア（Tyrolia）」などがあります。

オーストリアの気になる一冊

『Wunschloses Unglück』
（幸せではないが、もういい）
Peter Handke　ペーター・ハントケ

51歳で自殺した母。事実を前に言葉は「闇の中へ失墜する」。事実と言葉をめぐる闘いの記録。オーストリアの作家ハントケ初期の代表作。

第2章 ヨーロッパの本屋さん

Czech Republic

読書と絵本の国

チェコ

チェコの絵本

絵本の国チェコ

　チェコは、読書大国。「冬が長くて厳しい土地だから、よく本を読む」ともいわれますが、とにかくたくさんの本屋さん、図書館があることで知られています。プラハは小さい街ですが、新刊書店、古書店、ブックカフェがたくさんあって、それぞれが個性的です。またチェコといえば、人形アニメ監督イジー・トルンカやアニメーション作家ヤン・シュヴァンクマイエルの作品のような芸術的なアニメーションが有名。

　さらに世界中にファンを持つ絵本の王国です。絵本にはどれもチェコらしい素朴さと高い芸術性が備わり、刺激を受けます。中でも、インパクトある線と鮮やかな色使いが特徴で、斬新な仕掛けがあるクヴィエタ・パツォウスカーの絵本が最高です。また、作家では戯曲『ロボット』、小説『ダーシェンカ』を著したカレル・チャペックも世界的に知られています。

　プラハ一番の大型書店は1990年に設立された「ガンゼルスベルガー（Kanzelsberger）」で、約60店舗を展開しています。この他にも大手書店チェーンとしては、「Luxor」「Knihcentrum.cz」「Librex」などがあります。カフェ併設型の店、イベントを開催する店など、新しい本屋さんが増えているのが特徴です。

カフカ的ブックカフェ

　チェコといえば、『変身』のフランツ・カフカです。作品をドイツ語で書いたので、チェコ文学？と思われる方も多いのですが、カフカはプラハ生まれ、プラハ育ちという生粋のチェコ人です。『変身』に登場する主人公ザムザをモチーフにしたプラハのブックカフェ「レ

レホール・サムサの店内

第2章 ヨーロッパの本屋さん

ホール・サムサ（Rehor Samsa）」、カフカの小説の世界観を味わえるカフェ「フランツ・カフカ（Franz Kafka）」なども人気があります。

また、チェコといえば美しい図書館。世界一美しいといわれる「ストラホフ修道院図書館」など、古い歴史的建築を活かした図書館がたくさんあります。ちなみに、チェコは約2000人に対して1つ図書館があります。この数は平均的なヨーロッパの国の4倍だそうで、人口に対していかに図書館が多いかがわかります。

ガンゼルスベルガー

チェコの気になる一冊

『Die Verwandlung』（変身）
Franz Kafka　フランツ・カフカ

ある朝目覚めると巨大な虫になっていた男と、その家族の顛末を描く物語。

ブックトートバッグ図鑑

ヨーロッパ編

環境問題への意識が高いヨーロッパでは、買ったものを入れるバッグはマストアイテム。パン屋さんやスーパーマーケットへも、みんなバッグ持参で行きます。本屋さんのトートバッグはシンプルで美しいものが多く、デザインのバリエーションが豊富です。

Column : Tote Bags from Europe

1. フィンランドの「アカデミア書店」のトート 2. フランスの「シェイクスピア・アンド・カンパニー」のトート 3. フランスの大手書店チェーン「フナック」のトート 4. ドイツのベルリンにある書店「Do You Read Me?!」のトート 5. イギリスの「ドーント・ブックス」のトート 6. イギリスの出版社「ペンギンブックス」のオリジナルトート 7. イギリスの老舗書店「フォイルズ」のトート 8. ポルトガルの「レロ書店」のトート

本と芸術こそ人生 Italia
イタリア

本×ライブ

　イタリアは、職人の国。これまでにマーブルペーパーや製本、文房具の取材などで数回訪れ、モノ作りや考え方においてかなり大きな影響を受けた国です。食や芸術も世界最高峰。本屋さんの最新トレンドにも敏感で、児童書のブックフェア「ボローニャ国際児童図書展」が開催され、絵本の国としても有名です。

　ローマの中心部にある「アルトロクアンド（Altroquando）」はビールと本と音楽をテーマにしたブックバー。1階が書店スペース、地下にはビールを飲みながら音楽ライブを楽しめるパブがあります。このような「本×バー」の融合はヨーロッパだけでなく、アジアにも増殖中。音楽のライブと読書イベントを掛け合わせることで、さらに盛り上がりそうです。

　ボローニャの「リブレリア・コープ・アンバシャトーリ（Libreria Coop Ambasciatori）」は、「本×レストラン」が融合した書店。貴重な歴史的建造物の中にある、古くて新しい注目のスポットです。

アルトロクアンド

リブラッチョ

　フィレンツェの「トド・モード（Todo Modo）」は「本×劇場×バー」を組み合わせた複合型書店。店内では朗読会やコンサートなどが頻繁に行われています。「本×○○」というように、本と何かを掛け合わせ、相乗効果を生み出すのが、今のトレンドです。

「本屋さん」という芸術空間

　最近、『モンテレッジォ 小さな村の旅する本屋の物語』（内田洋子／著）という本が話題になりました。イタリア、トスカーナの山奥の村からイタリア中に本を届けるため、本を担いで行商していた人たちの歴史を追った本です。そんな物語が生まれたイタリアでは、ヨーロッパ最大級の企業グループ「フィニンヴェスト」の運営する書店「モンダドーリ（Mondadori）」が、600店舗以上を展開しています。最近では、日本の「蔦屋家電」のように本だけでなく複合的に商品を扱うマルチメディア店も登場しました。

　他にも、1979年創業の老舗書店「リブラッチョ（Libraccio）」は、黄緑色の看板が目印のミラノに本社を持つイタリア最初のチェーン店。現在約30店舗を展開しており、古書も扱っています。同じくミラノには、イタリアの「革命的出版社」と呼ばれる出版社フェルト

アリオン

リネッリ社が運営する書店チェーン「フェルトリネッリ（la Feltrinelli）」とブックカフェ「バビトンガ・カフェ（Babitonga Cafe）」があります。創業者は、戦後のイタリアで巨万の富を得た伝説の男、ジャンジャコモ・フェルトリネッリ。その他、ローマを拠点に展開する独立系書店チェーン「アリオン（Arion）」あります。

　そんな激戦区の中、最も美しくこだわりが強い本屋さんといえば、ミラノの美術書専門店「リブレリーア・ボッカ（Libreria Bocca）」です。1775年から続いている書店で、足下から天井まである棚は、本でいっぱい。ミラノで開催されたた美術展のカタログなどもほとんど手に入り、扱う画家の作品集、美術評論も貴重なものだらけ。美術好きなら一度は訪ねるべき夢の空間です。

イタリアの気になる一冊

『I Love Tokyo』（アイラブ東京）
La Pina　ラ・ピーナ

東京のガイドブックが、イタリアで5万部以上を売り上げ、ノンフィクション部門で9週連続1位を記録する大ヒット。

第2章　ヨーロッパの本屋さん

ロシア

読書革命が起きている

電子書籍大国ロシア

「え？ 紙の本を買いたいんですか？ ロシアは、みんな電子書籍ですよ……」。ロシアのサハリンに着くと、案内してくれたウラジーミルさんに、いきなりこんなことを言われました。話を聞いて納得。ソ連時代から読書好きの人が多いロシアでは、インターネットの広まりにより、ここ数年で急激に電子書籍が普及したのだとか。さらに、国土があまりに広すぎるため、アマゾンのようなオンライン書店が国全体としては普及しにくい。それもそのはず、ロシアは、世界最大の国土面積を持つ多民族国家。地球上の居住地域の8分の1を占め、190もの民族が暮らしているのです。言葉も違うし、流通の仕組みも違う。さらに冬が長く、雪が降る中、本屋さんに行くのは、非常に大変なのだそうです。そのため、紙の本は買われず、変わりに電子書籍の端末がどんどん進化し、安くなっているそう（コンテンツは、かなり海賊版が多いそうですが……）。

そんな中、世界初の「折れ曲がる電子ペーパー」Flex Oneというロシアならではの謎の電子書籍端末も誕生。これは、どうやら普及しなかったようですが、値段は2万円ほどとお手頃。さすが独自の技術開発に秀でた国です。また、メドヴェージェフ元大統領が、教育現場への電子書籍導入を積極的に行ったため電子化が加速。紙の本のみを扱うロシア最大の取次と大手書店チェーンが2012年に経営破綻してしまったそうです。

折れ曲がる電子ペーパー

ロシア版アマゾン「オゾン」

ロシア版アマゾン「Ozon」

　ロシアで本といえば、やはり文学。トルストイ、ドストエフスキー、ツルゲーネフ、ゴーゴリ、チェーホフなどの文豪を生んだことでも知られています。かつては、検閲や統制が厳しかったものの、1985年のペレストロイカにより言論の自由が進められ規制が緩和しました。それでも、ビザ無しでモスクワに降り立ち、トランジットする時は、緊張します。ホテルに連行され、軟禁されます。もちろん市内にいても外に出ることは許されません。今でも橋や港を大きなカメラで撮影したりすると、スパイに密告され、撮影したテープを没収されたりします。

　「オゾン（Ozon）」は1998年に創設された本のオンラインショップで、「ロシアのアマゾン」と呼ばれています。電子書籍も販売しており、普及しはじめています。また、国立電子図書館も開設され、タブレットで本を読む人が非常に増えています。すでにモスクワ市内でも読書家の3割ほどが、電子書籍で本を読んでいるとのこと。サハリンでは、大きな本屋さんらしきものは存在せず、電子書籍が読まれている様子でした。

日本文学ブームのロシア

　かつては、電子書籍の違法コピーが問題になっていました。紙の本の値段が高いことが違法コピーの原因のひとつのようです。村上春樹の『羊をめぐる冒険』を、新潟で通訳をしていたドミトリー・コヴァレーニンさんが独自に翻訳し、無許可でネットにアップしたところ、いきなり大ブームになり、その後、正式な翻訳者として選ばれ、出版されたという変わった出来事もありました。さらに、日本食ブームと重なったことで、ムラカミブームにも火がつきました。その影響を受けた「ムラカミ」という名のロックバンドがあるほどです。そのため、村上春樹の初期のロシア語版は「寿司」や「歌舞伎」などが表紙になっている不思議な装丁なのです。現在では、芥川龍之介、太宰治、三島由紀夫、吉本ばなな、村上龍、さらに、横溝正史の『犬神家の一族』と『八つ墓村』までが翻訳されるほど日本文学ブームが起きています。

モスクワ・ドム・クニーギ

「本の探偵」請け負います

「モスクワ・ドム・クニーギ（Московский Дом Книги）」は1967年に国営企業として設立され、40店舗ほどを展開するモスクワ最大の書店です。大衆文学から教科書までなんでもそろい、作家のトーク、イベントも定期的に行われています。

モスクワ・ドム・クニーギのロゴ

さらに最近では、型破りなコンセプトが際立った書店も続々誕生しています。ベストセラーは売らない、利益は少ないけれど価値のある本を置く店や、講演やイベントを中心としたコミュニティ型書店など。売り場は狭いけれど、コンセプトが魅力的で、文化イベントが盛りだくさん。このような新しいタイプの書店は、単なる販売拠点ではなく、コミュニケーション空間も兼ねているのです。こういうブックシーンの盛り上がりが、モスクワから始まったそうで、日本でもまったく同じような現象が起きているのが興味深いです。

例えば、小さな書店「ホダセーヴィチ（Ходасевич）」では古本だけでなく、無料の本も置いており、さらに月に250ルーブル（約400円）で、どんな本でも10日間借りられる図書館機能も持ち合わせています。また「本の探偵」もいて、どんな本でも1000〜1500ルーブル（約1600〜2400円）払えば、見つけてくれるそうです。さすがロシアという感じもしますが、日本でも真似ができそうな素晴らしいアイデアです。

ロシアの気になる一冊

『Uncle Vanya』（ワーニャ伯父さん）
Anton Chekhov　アントン・チェーホフ

大学の教授を引退したセレブリャコーフは、若くて美しい27歳のエレーナと、親から受け継いだ田舎の屋敷に住み始める……。チェーホフの四大戯曲の一つと呼ばれる名作。

Finland

北欧の読書大国

フィンランド

カフェ・アアルト

アアルトが設計した夢の本屋さん

　北欧フィンランドは、読書大国。図書館の利用率は、世界一ともいわれ、1人当たりの年間貸出冊数は約20冊だとか。読み聞かせ、朗読会なども盛んに開催され、バスや車、自転車による移動式図書館も充実しています。プレゼントとして本を贈る人がとても多い国でもあります。日本では、ムーミンの故郷、オーロラが見られる森と湖の国として知られ、テキスタイルのブランド「マリメッコ」も大人気のフィンランドは、とにかくセンスがよくてオシャレな読書大国なのです。

　そんな本の先進国フィンランドで本屋さんといえば、まず思い浮かべるのが1893年創業の「アカデミア書店（Akateeminen Kirjakauppa）」です。キルヤカウッパ（kirjakauppa）は書店という意味。1969年にフィンランドを代表する世界的建築家アルヴァ・アアルトによって設計されたヘルシンキ店は、店内が白い大理石で覆われた回廊式。三層が吹き抜けになっており、本を開いたような形をした天窓がある、美術館のように美しい空間です。書店の片隅には、アアルトがデザインした椅子「スツール60」がさりげなく置かれています。書店の2階にある「カフェ・アアルト」は地元の人たちに愛されています。大理石のテーブルと黒いレザーチェアはアアルトの設計。椅子は、アルネ・ヤコブセンの「アントチェア」も使われています。照明もアアルトデザインの「ゴールデンベル」。映画『かもめ食堂』のロケ地の一つになったこともあり、いまやフィンランドの観光名所となっています。建築や美術ファン垂涎、扉の取手など細部に至るまで美しい本屋さんです。

アカデミア書店

第2章 ヨーロッパの本屋さん

未来の読書世界

　フィンランドは、書店だけでなく図書館も贅沢な空間です。アルヴァ・アアルト設計のロヴァニエミ市立図書館を訪ねてみました。ロヴァニエミには、サンタクロース村があり、サーメと呼ばれる先住民族が暮らしていました。図書館は1860年に設立されましたが、1965年アアルト設計で改装。白のタイルで覆われ、トップライトで光をふんだんに取り入れる設計になっています。驚くほどシンプルでミニマルで機能的。北極圏の入り口という場所にふさわしい神聖な雰囲気です。

　また、2018年にはヘルシンキ中央駅から歩いて5分ほどの場所に、新しくヘルシンキ中央図書館「オーディ（Oodi）」が完成しました。

ガラス、鉄、木を使った未来的な外観で、ヘルシンキのシンボルとなりそうです。オーディ（Oodi）とは、フィンランド語で、古代ギリシア劇で歌われる神や人の功績などを讃える歌のこと。1階は、カフェや映画館、展示場、イベントホール。2階は仕事や学びのためのフロア。3階が図書スペースです。コンセプトは、人々が交流するリビングルーム。約10万冊の本や資料が保管されているそうです。

　フィンランドでは、貸し出された本の作家に1冊15円ほどの印税が入るのだとか。さらに、作家には1人あたり年間平均7000ユーロ（約84万円）の補助金が出る制度もあるそうです。本を書いている人にとっては、夢のような画期的システムです。この他、図書館のサービスとして、レコードやカセットテープのデジタル化ができたり、3Dプリンターやミシンが使用できたり、おもちゃの貸し出しもあったりします。また、自転車に本を積んで貸し出す移動図書館もあります。

　知識だけではなく、経験や体験も借りて得ることができるのです。場所によっては、1人100冊まで、4週間も借りられるところもあるそうです。信じられない文化レベルの高さ。日本でも取り入れてほしいものです。

フィンランドの気になる一冊

『Tuntematon sotilas』（無名戦士）
Väinö Valtteri Linna　ヴァイノ・リンナ

1954年に発表。ソビエトとの戦争を若手兵士の戦いを通じてリアルに描いた戦争小説。フィンランドで3度も映画化された国民的作品。

Sweden

フィーカの国

スウェーデン

定額制読み放題サービス

　スウェーデンは、長い間、憧れていた国です。親戚の叔父さんが、首都ストックホルムに長く住んで、スウェーデンの作家アウグスト・ストリンドベリの翻訳などをしていたので、子どもの頃から気になっていた国のひとつでした。また、スウェーデンといえばノーベル賞。毎年アルフレッド・ノーベルの命日である12月10日にストックホルム（平和賞はノルウェー）で授賞式や晩餐会が開かれ、地元の書店も盛り上がります。日本にいても好きな作家が受賞するかどうか、毎回気になって仕方がありません。スウェーデン人の詩人で、ノーベル文学賞受賞者のトーマス・トランストロンメルも大好き。

　そのスウェーデンは今、オーディオブック聴き放題と一部の本読み放題サービス「Storytel」が、ちょっとしたブームになっているそうです。日本でも定額制サービスがありますが、この先、本や雑誌

の読み放題サービスが定着するのかとても興味深い動向です。またここ最近、スウェーデンでもオンライン書店が急増。SFに特化したオンライン書店「サイエンス・フィクション・ブックハンデル（Science Fiction Bokhandeln）」（実店舗もあります）のように固定ファンが多いジャンルがこれからも成長する予感がします。

ノーベル賞スイーツが頂けるブックカフェ

　ストックホルムで一番大きい「アカデミー書店（Akademibokhandeln）」のストックホルム・メステル・サムエルスガータン（Stockholm Mäster Samuelsgatan）店に行きました。「A」の文字が書かれた赤い看板が目印。1992年に設立され、国内に100店以上の店舗を展開するスウェーデン国内最大手の超有名書店チェーンです。この店では、著者のサイン会や講演会も頻繁に開催されます。ちなみにスウェーデン語のベストセラー棚を見ると圧倒的に小説が多いのが特徴です。ユーロポール（欧州刑事警察機構）の刑事ヤコブ・コルトが主人公の刑事小説や、ホラー小説などが人気だそうです。これは予想外だったのですが、平和なスウェーデンでは、刺激を求めて過激な大衆小説が人気だそうです。実用書の割合も大きく、料理や健康の本が圧倒的に多い気がします。発酵食の研究本、簡単料理のレシピなど、日本と同じような本もたくさんありました。

ノーベル賞のケーキ

　2017年には店内にブックカフェ「コーメルク・ブック・アンド・フードカフェ（K-Märkt Bok- & matcafé）」がオープンしました。実はここのパティシエは、ノーベル賞晩餐会で出されるデザートを担当していて、晩餐会で出されたものと同じデザートを食べることができるのです。こんな店は世界中探してもありません。スウェーデンな

らではの貴重な体験です。ぜひ、この店で「フィーカ（Fika）」と呼ばれる北欧流コーヒーブレイクを楽しんでみてはいかがでしょうか。

　また、ここでは、毎年恒例の本のセール「ボークレーア（Bokrea）」も盛大に行われます。40〜50%オフということも多く、元々、本の値段がとても高い国なので、この時を心待ちにしている人も多いようです。スウェーデンでは毎年2月下旬頃からすべての本屋さんでセールが始まります。

アカデミー書店

スウェーデンの気になる一冊

『Hundraåringen som klev ut genom fönstret och försvann』
（窓から逃げた100歳老人）

Jonas Jonasson　ヨナス・ヨナソン

100歳の誕生日パーティーを目前に、老人ホームから逃げ出したアラン・カールソンが繰り広げる珍道中。世界中で800万部の大ヒット。

デンマーク

本とヒュッゲ

世界一幸せな本屋さん

　世界一幸せな国といわれるデンマーク。デンマーク語で「居心地がいい時間や空間」という意味の言葉「ヒュッゲ（Hygge）」は、日本でもブームになりました。税率が高い代わりに貧富の差が少なく、医療費が無料だったり、大学までの学費が無料だったりします。みんな平等に生きることができる国として知られています。
「アーノルド・ブスク（Arnold Busck）」は1896年創業の老舗書店チェーンで国内に30店舗以上展開。首都のコペンハーゲンで一番大きな本屋さんで、カフェも併設されています。デンマーク語と英語の本が置かれており、オリジナルのトートバッグもシンプルでかわいい。アート、デザイン関係の本が充実していて、六本木にあった青山ブックセンターを思い出しました。このような美しい本のある空間こそ、本屋好きとって、世界一幸せな場所なのかもしれません。

アーノルド・ブスク

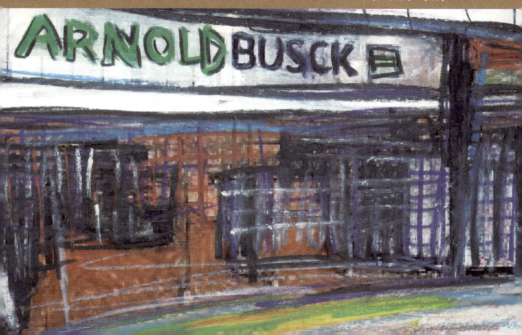

「ボグ・アンド・イデ（Bog & ide）」も人気があり、国内に80以上も店舗があります。また、最近ではコペンハーゲンで大人気の「パルダン・ボグ・カフェ（Paludan Bog Café）」のようなオシャレ系ブックカフェも増えています。

ボグ・アンド・イデ

生きている本を貸し出す図書館？

　先進国デンマークでは、実際の図書館を利用し、障害者や性的マイノリティといった人々を「Living Books（生きている本）」として貸し出し、立体的な「読書」を通じて偏見を乗り越えようと、「Human Library」という試みを行っています。ある「人」を借り、その人と30分程度話をして、理解を深めることが目的。これまで蔵書となった人は、警察官、完全菜食主義者、男性ベビーシッター、ゲイ、イスラム教徒といった人々。2000年にデンマークで初めてのイベントが開催された後、他の国にも広がり、日本でも開催されました。もしかすると、未来の本屋さんや図書館は、人の「知恵」や「体験」を売ったり、貸したりするように進化するのかもしれません。

デンマークの気になる一冊

『Journal 64』（特捜部Q―カルテ番号64―）
Jussi Henry Adler-Olsen
ユッシ・エーズラ・オールスン

未解決事件の調査に当たる特捜部Qの刑事たちが、ある失踪事件を捜査する。ベストセラーとなった北欧ミステリー小説『特捜部Q』のシリーズ第4弾。

ヨーロッパの美しい図書館

ヨーロッパには、まるで宮殿や美術館のような美しい図書館が多く、最近ではマイクロ・ライブラリーや電子書籍を貸し出す新しい試みも増えてきました。本屋さんめぐりと合わせて図書館めぐりもオススメしたいです。

Column : Beautiful Libraries in Europe

1
トリニティ・カレッジ図書館
The Library of Trinity College Dublin

 アイルランド／ダブリン

首都ダブリンにあるトリニティ・カレッジ図書館はすごい迫力。大学が創立されたのは1592年。1階には、8世紀頃に制作された聖書の写本「ケルズの書」が展示されています。2階はメインの図書室で、部屋の長さは約65m、約20万冊が収納されています。

2
ビブリオメトロ
Bibliometro

 スペイン／マドリード

2005年にマドリードにオープンした図書館ビブリオメトロは、画期的な試みです。12の地下鉄駅の構内に設置されていて、約10万冊もの蔵書のうち、月に約6000冊も貸し出しされているとのこと。「人が通る場所で本を貸し出す」というアイデアは、全世界に普及してもおかしくないほど秀逸です。

104

3 本の森
Forest of Books

 ドイツ／ベルリン

首都ベルリンに出現した、森をイメージして作られた公共の本棚。2005年から始まった「本の森プロジェクト」です。設計を手がけたのはバウ・ファッハ・フラウという女性の建築家を育てる教育機関。町並みにとけ込んでいて美しく、国連教育開発年間の2008／2009年度賞を受賞した作品です。

4 ルッケンヴァルデ市立図書館
Luckenwalde Public Library

 ドイツ／ルッケンヴェルデ

駅に図書館そのものを設置する試みは世界各地で導入されていますが、ドイツの北東にあるブランデンブルク州ルッケンヴァルデの市立図書館もその一つで、元々駅舎だったところに増築して作られた「金の図書館」。アルミニウム合金の建物は、まるでアート作品です。

5 ストラーホフ修道院図書館
Strahov Monastery Library

 チェコ／プラハ

チェコ共和国最古の修道院、ストラーホフ修道院にある図書館は、世界一美しいといわれるバロック様式の図書館です。12世紀ごろに建てられた美しい修道院の中に、10万冊もの本が所蔵されています。ホールの天井画はフレスコで飾られ荘厳な雰囲気で、入場料を払えば気軽に見学できます。

6 ビーチ・ライブラリー
Beach Library

 ブルガリア／バルチク

ブルガリア北東部の黒海沿岸にあるリゾート地、アルベナの海岸には、ビーチ・ライブラリーが設置されました。10ヵ国語、2500冊以上もの書籍を自由に借りることができます。この試みは、イスラエルのテルアビブやフランスなどでも行われています。

本の王国
イギリス

世界をリードする本の王国

　イギリスは、世界一個性的な本の王国です。世界最大の地図専門店「スタンフォーズ（Stanfords）」、世界最古の自動車専門書店「モーター・ブックス（Motor Books）」、1761年創業で、世界最古といわれている古書店「ヘンリー・サザラン（Henry Sotheran）」など、個性派書店が軒を連ね、数えきれないほどの魅力的な書店があります。美しい本屋さんをすべて訪ねていたら、何ヵ月もかかってしまいそうです。

　イギリスの文学者といえば、ウィリアム・シェイクスピア、ジョナサン・スウィフト、ウィリアム・ワーズワース、チャールズ・ディケンズ、ルイス・キャロル、オスカー・ワイルド。ミステリーでは、アーサー・コナン・ドイル、アガサ・クリスティ、最近では、カズオ・イシグロ、J・K・ローリングなど巨匠ばかりで挙げればきりがありません。世界を代表する文学の国でもあるため、当然、読書好きの人が多く、比例して書店も多いのです。

　また、歴史がある国イギリスは図書館も充実しています。雑誌や新聞、パンフレット、音源、特許、地図、切手、版画など世界最大級の1億5000万点以上の資料を所蔵する「大英図書館（British Library）」があります。『不思議の国のアリス』の手書きの原稿、ビートルズ直筆のメモ、レオナルド・ダ・ヴィンチのノートまで収蔵されています。現在もイギリスとアイルランドで出版される全文献が収集され続けているので、もしどうしても見つからない本があったら、ここで探すことをオススメします。

英国一不便でも愛される書店

「フォイルズ（Foyles）」はソーホー地区にある1903年創業のロンドンを代表する老舗書店。公務員のテストに失敗したフォイル兄弟が、大量に持っていた自分たちの受験用の教科書を売ったことから始まり、イギリスで最大規模の本屋さんにまで成長しました。電話での注文受け付けは一切お断り、店をかたくなに改装しないなど頑固な経営で知られ、かつては「英国一不便」ともいわれていました。そんな頑固さも愛されていましたが、今はシステムも設備も変わり、さらに愛される書店へと進化しています。

激動の本屋戦争

イギリスも他の国と同じように近年、電子書籍やオンライン書店の普及によって、紙の本屋さんが次々と買収されたり閉店したりと、激動の時代を迎えています。

1982年創業の書店チェーン「ウォーターストーンズ（Waterstones）」が、1797年創業、ロンドン最古で王室御用達の書店「ハッチャーズ（Hatchards）」に引き続き、フォイルズも買収したのです。わかりやすく日本の本屋さんに例えていうと、明治時代から続く有名な老舗書店が、ある日突然、「TSUTAYA」に買収されるような

第2章 ヨーロッパの本屋さん

フォイルズ

ウォーターストーンズ

感じでしょうか。倒産しなくてよかったとは思いますが、複雑な気持ちにもなります。

「W・H・スミス（W H Smith）」も大手チェーンとして有名です。青い看板が目印で、イギリスを中心に約600店舗展開し、書籍、文房具、雑誌、新聞、店によっては食品なども販売し、コンビニ的存在として親しまれています。1792年にヘンリー・ウォルトン・スミスが創業。息子ウィリアム・ヘンリーが鉄道駅にニューススタンドを設置し大成功した会社で、世界初の書店チェーンといわれています。しかし、最近では閉店が相次ぎ縮小している様子なので、今後の展開が気になります。

独立系書店の逆襲

　一時期は厳しかった独立系書店ですが、最近は新たな店も続々と誕生し、盛り上がっています。

「ドーント・ブックス（Daunt Books）」は1990年にオープン。ロンドンでは有名な独立系書店のパイオニアです。歴史は古くはありませんが、もともと1910年に古書を販売する店舗として建てられたため、歴史のあるアンティーク・ショップのような雰囲気があります。

ウィリアム・モリスのファブリックと、緑色に統一された店内。天井が高い開放的な空間。ステンドグラスから差し込む優しい光。とにかく上品な雰囲気が、心地よい書店で、お土産のトートバッグを買うためだけでも訪れる価値がある場所です。

　東ロンドンにある「リブレリア（Libreria）」は、2016年に工場跡をリノベーションしオープン。独自のテーマで選書された本が並んでおり、店内にはウイスキーバーがあります。同じく東ロンドンにある「バーリー・フィッシャー・ブックス（Burley Fisher Books）」は良質な文学作品やノンフィクション、小規模出版社の本などを扱っており、店内にはカフェも。

　小さな独立系書店がこれからイギリスの本屋さん全体をどうやって盛り上げていくのか、見守っていきたいと思います。

リブレリアの店内

　最後に、イギリスウェールズの本の町「ヘイ・オン・ワイ（Hay-on-Wye）」の紹介を。この町に古本屋を開いたリチャード・ブースが、廃業していた映画館や古城を本屋さんに改装。その後も古本屋が続々とオープンし、今では年間約50万人の観光客が訪れる世界的に有名な本の町になりました。ブックツーリズムの先駆けとして、数多くのメディアで紹介されています。

イギリスの気になる一冊

『Never Let Me Go』（わたしを離さないで）
Kazuo Ishiguro　カズオ・イシグロ

2005年発表のカズオ・イシグロによる長編小説。同年のブッカー賞最終候補作。イギリスで映画化され、日本でも舞台化、ドラマ化された話題作。

アイルランド

ケルトの国

伝統料理が名物の本屋さん

　イギリスの西部に位置し、北海道よりも一回りくらい小さい島にある国、アイルランド。神話やケルト文学で知られ、ゲール語が公用語として使われています。首都ダブリンには、ストリートミュージシャンがあふれ、伝統的なアイリッシュ・ダンスを現代風にアレンジをした「リバーダンス」の音が流れています。歌姫エンヤのふるさとでもあり、幻想的なケルト音楽も有名。アイルランドは、とある有名チェリストと演奏しながら旅をするという企画で訪れました。図書館やエンヤの実家のパブにも行って、演奏してきました。たまに小雨が降るとすぐに美しい虹がかかり、妖精が住んでいるように見える。そんな不思議な土地。

　『ガリヴァー旅行記』のジョナサン・スウィフトの故郷であり、ジョージ・バーナード・ショー、ウィリアム・バトラー・イェイツ、サミュエル・ベケット、シェイマス・ヒーニーとノーベル文学賞作家を4人も輩出。小さな島国からこれほどの受賞者が出るのは異例で、奇跡が生まれる土地だと思います。

　「ワインディング・ステア・ブックショップ（Winding Stair Bookshop）」を訪ねてみました。ここは、ダブリンで最も古くからある独立系書店のひとつ。新刊と古本を扱い、大型書店にはない珍しい本も置いてあります。アイルランド作家の本、詩、演劇、時事問題、ガーデニング、料理、アート、デザイン、ノンフィクションの本、絵本な

Ireland

どが並んでいます。そして、2階にあるレストランでは、シンプルで質の高い伝統的なアイルランド料理が食べられます。

他にも本屋さんは、いろいろあります。「チャプターズ・ブックストア（Chapters Bookstore）」は

ワインディング・ステア・ブックショップ

広い店内に様々なジャンルの本が置かれていて、2階では古書も扱っています。「ブック・バリュー（Book Value）」では本が安く購入できます。西部の都市ゴールウェイにある「ケニーズ（Kennys）」は、1940年創書の老舗古書店。「イーソン（Eason）」は1886年創業の老舗チェーン。北アイルランドを含め60店舗ほどを展開しています。

ケルトの宝石箱

ダブリンにあるアイルランド最古の大学トリニティ・カレッジの図書館「トリニティ・カレッジ図書館」は圧巻です。大学は女王エリザベス1世によって、1592年に創設。図書館は現在約500万冊もの書籍を所蔵。ここで見られるのが、「世界で最も美しい本」と呼ばれる8世紀に制作された聖書の手写本『ケルズの書』。豪華な装飾とケルト文化が色濃く残された貴重な本で、アイルランドの国宝です。ダブリンに着いたらまず、この図書館に行くのがオススメです。

アイルランドの気になる一冊

『To School Through the Fields』
（アイルランド田舎物語―わたしのふるさとは牧場だった）
Alice Taylor　アリス・テイラー

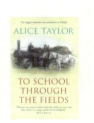

アリス・テイラーが古き良きアイルランドを舞台に、自らの少女時代を回想してつづった物語。1988年にアイルランドで出版され、同国史上最大とされるベストセラーに。

Spain

芸術と情熱

スペイン

スペイン版ブックオフ、リ・リード

スペイン版ブックオフ「re-read」

　バルセロナのサン・アントニ市場では、毎週日曜の午前中に古本市が開催されています。東京の新宿にある花園神社でも毎週骨董市が開催されていますが、ちょっと似た雰囲気です。グラシア通りで夏に開催されるバルセロナ古本市は、神田神保町の古本市と似ています。世界中をみても、町で古本市が毎週のように行われている国は、それほど多くありませんので、スペイン人が、本当に本を愛しているのがよくわかります。

　バルセロナ市内に展開する古本チェーン「リ・リード（re-read）」をのぞいてみました。ブックオフの巨大さには及びませんが、1冊3ユーロ（約360円）、2冊で5ユーロ、5冊で10ユーロというシステムは、かなりの安値。パリのブックオフもほとんど同じ仕組み、同じ金額でした。古すぎる本が置かれていないため、店は本当にすっきりしていて、きれい。意外とこのような形態の古本屋さんは、まだ世界には少ないので、今後の成長が非常に気になります。

　「エル・コルテ・イングレス（El Corte Inglés）」は、マドリードに本社を置くヨーロッパ最大の百貨店グループ。80店舗ほど書店を展開。1993年には、フランス発の書店チェーン「フナック」がスペインに進出。国内に20店舗ほどあります。オンライン書店アマゾンは2011年からスペインで普及しています。町の書店は減りつつありますが、逆に素敵なブックカフェが増殖中という現象が起きています。

本屋さんで、電子書籍が借りられる？

　ベラスケス、ゴヤ、ミロ、ダリ、ピカソ、ガウディが生まれた芸術の国スペイン。本の展開も、芸術的です。2005年にマドリード地下鉄の駅に設置された美しいデザインの図書館「ビブリオメトロ（Bibliometro）」は、すっかり市民に定着。2011年にはスペイン発の電子書籍無料利用プラットフォーム「24symbols」が公開されるなど、読書事情が日々進化しています。

エル・コルテ・イングレス

　「カサ・デ・リブロ（Casa del Libro）」は1923年創業の大手書店チェーン。国内に46店舗ほど展開しています。スペイン国立図書館と提携し、電子書店を通じて図書館のデジタル化資料の貸し出しを開始しました。つまり、iPhoneやアンドロイド端末等で、本屋さんのサイトから図書館の電子書籍を無料で利用できるということです。このように電子書籍を非合法で利用しないようにする工夫はこれからの課題。本の文化を守ろうとしている意志を強く感じます。

カサ・デ・リブロ

　新しい書籍の電子化の仕組みが定着し、健全な状態でコンテンツが提供される理想の仕組みがスペインから生まれるかもしれません。

スペインの気になる一冊

『Don Quijote de la Mancha』
（ドン・キホーテ・デ・ラ・マンチャ）
Miguel de Cervantes　ミゲル・デ・セルバンテス

スペインの作家ミゲル・デ・セルバンテスの小説。自らを遍歴の騎士と任じ、「ドン・キホーテ・デ・ラ・マンチャ」と名乗って冒険の旅に出かける。

レロ書店

Portugal
ポルトガル　書店の激戦区

世界最古の書店

　リスボンにある「ベルトラン書店（Bertrand Livreiros）」は、1732年創業で、世界最古の書店といわれています。ポルトガルの本や書店の歴史は、フランスと切り離せません。18世紀に多くのフランス人印刷業者や書店がポルトガルにやってきて開業したことが、始まりなのだそうです。現在は、このベルトラン書店もチェーン展開し、約50店舗に拡張しています。

　実は、ポルトガルは文学大国でもあります。国民的作家として知られる詩人のフェルナンド・ペソア。そして、ポルトガルを愛したイタリアの作家、アントニオ・タブッキ。ノーベル文学賞を受賞したジョゼ・サラマーゴ。ポルトガルは国土が狭く、人口が少ないにも関わらず、文学のおかげで芸術大国となったのです。

　また、ポルトガル第二の都市、ポルトにある「レロ書店（Livraria Lello）」は、「世界の素晴らしい書店10選」の一つとして世界的に知られています。1869年創業で1906年に現在の建物ができました。『ハリーポッター』を執筆する前の数年、この町で暮らしていたJ・K・ローリングは、かつて2階にあったカフェがお気に入りだったそうで、影響を受けたのではないかともいわれています。ちなみに、現在は入場料金5ユーロ（約600円）となっています。

古いものが注目される国ではありますが、近年では、「ポルトガル国立図書館（Biblioteca Nacional de Portugal）」が電子書籍の出版事業を開始。販売だけでなく、1ユーロ（約120円）で本を貸し出すという新しい試みが話題になりました。

レロ書店の店内

リスボンのかわいい移動本屋さん

町を駆け抜けるヴィンテージの青いルノーのミニバン。実はこれ「テル・ア・ストーリー（Tell a story）」という名の移動本屋さんです。販売しているのはすべてポルトガル関係の本。ポルトガル作家の翻訳本などを販売している観光客向けの本屋さんです。観光客に、ポルトガルの物語を伝えたい、と始まった本のプロジェクト。創業者の一人が、中国で文房具や学校用品を売る移動販売車を見かけたことが、本の移動販売のヒントになったのだとか。かわいい車で本を販売する仕組みは、もっと世界中に普及してほしいものです。

移動本屋さん

ポルトガルの気になる一冊

『The Double』（複製された男）
José Saramago　ジョゼ・サラマーゴ

ある日、なにげなく鑑賞した映画の中に自分と瓜二つの俳優を見つけた男の話。2013年、カナダで映画化。

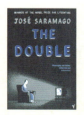

第2章 ヨーロッパの本屋さん

ヨーロッパの日本文学

ヨーロッパの書店でよく見かける日本の小説は、大江健三郎、三島由紀夫、吉本ばなな、村上春樹、小川洋子の作品。日系二世の母を持つジュリー・オオツカの本も日本人作家として並んでいることがあります。中でも、村上春樹がやはり一番人気。2014年に『色彩を持たない多崎つくると、彼の巡礼の年』の英語版が出た時は、ポーランドの鉄道の駅に本の自動販売機が設置、販売され、大きな話題になりました。また、ロンドンの書店「ウォーターストーンズ」ではサイン会が行われ、400人以上が詰めかけ世界のニュースになりました。

Column：Japanese Literature in Europe

夏目漱石の長編小説『吾輩は猫である』のスペイン語版は『Soy un gato』となります

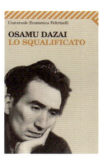

太宰治の代表作『人間失格』。イタリア語版は「失格」のみを表す『LO SQUALIFICATO』となっています

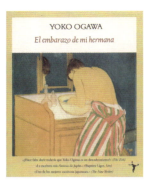

小川洋子の『妊娠カレンダー』。スペイン語版『El embarazo de mi hermana』は、直訳すると「私の姉の妊娠」

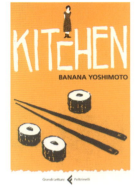

イタリア語版、吉本ばななの『キッチン』。なぜか巻き寿司と箸が表紙のデザインに

ロシア語版、紫式部の『源氏物語』

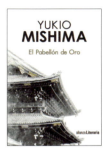

スペイン語版、三島由紀夫の『金閣寺』

トルコ

生きた世界遺産

猫と共存する古本屋街

　イスタンブールは、生きている骨董品のような町。過去を旅するためのタイムマシーンです。学生時代から何度も訪問していましたが、仕事を始めてからも行く機会が多く、最長3週間ほど滞在したことがあります。この国は独自のカフェ文化が栄えていて、古いカフェなどもたくさんあります。

　有名なグランドバザールの近くで、イスタンブール大学との間に、古本屋さんが40軒ほどまとまって並んでいる古本屋街「サハフラル・チャルシュス」があるのですが、こんなにたくさんの店が集まっている光景は、他の国ではなかなか見ることができません。トルコの神保町古書店街という雰囲気で、カリグラフィーやイスラム関係の本、小説などが多く売られていました。そして、なぜか置物のように猫がたくさんいて（なぜか本の上で寝ている）、猫にとっても、人にとっても楽園のよう場所です。

トルコのTUTAYA「D&R」

　トルコは、「イスタンブール国際ブックフェア」も開かれるほど、出版が盛んです。国内の出版社は1500もあるのだとか。最近では、オンライン書店での販売に移行しつつあり、書籍の電子化にも積極的。トルコ国立図書館もデジタルライブラリーを開設し、資料の

Turkey

第2章　ヨーロッパの本屋さん

ロビンソン・クルーソー・389の店内

公開が始まりました。

　そんなトルコで、書店チェーンといえば1996年に設立され、200店舗ほどを展開する「ディー・アンド・アール（D＆R）」です。D＆Rという会社の名前は「Doğan（トルコの印刷会社）」＆「Raks（音楽会社の名前の頭文字）」をつなげて命名されたそうです。イスタンブールの市内だけでも60店舗以上ある人気書店。

　トルコ国内で売られている本は、海外の翻訳本が多いですが、日本人作家では、村上春樹が大人気です。僕が書いた『村上春樹語辞典』も中国、韓国語版に続き、もうすぐトルコ語版が出版されます。翻訳者の方にお会いしたときも「芥川龍之介と村上春樹が知られています」と言っており驚きました。

　イスタンブールで一番オススメの書店は、イスティクラル通りに1994年に創業した洋書店「ロビンソン・クルーソー・389（Robinson Crusoe 389）」。若い人向けの空間が美しい独立系書店です。トルコ関連書や写真集、料理レシピ本がそろっており、選書もハイセンス。店内の入り口すぐのスペースは2階まで吹き抜けになっており、背の高い本棚に本がびっしりと詰まっています。

ディー・アンド・アール

Chapter 2. Bookstores in Europe III Turkey

トルコの気になる一冊

『Benim Adım Kırmızı』(私の名は紅)
Orhan Pamuk　オルハン・パムク

舞台は黄昏のオスマントルコ帝国。東西文明が交錯する都市イスタンブールで細密画師たちの苦悩と葛藤を描く歴史ミステリー小説。世界32ヵ国語で版権が売買された。

Jordan

中東の要所

ヨルダン

町の遊牧書店

　ヨルダンは、人口約970万人、面積は北海道とほぼ同じ大きさの中近東にある小さな国。塩分濃度が濃い湖「死海」や世界遺産の古代都市「ペトラ」で知られています。最近ではシリア難民が押し寄せているので、ニュースで見かけることも多くなりました。公用語はアラビア語で、スターバックスもマクドナルドもアラビア文字表記です。首都アンマンには、古代ローマ時代の円形劇場や遺跡が残っていて、町そのものが一冊の歴史書のような雰囲気。治安が悪いかと思いきや、町にはまったく平和な空気が流れていました。昔は、ヨルダン川西岸の「パレスチナ自治区」も自由に行き来していたと、地元の人が言っていました。今は、シリアの内戦のため、約65万人のシリア難民がヨルダンに避難しており問題になっていますが、会う人がみんな穏やかで優しいのには驚きました。

　2週間くらいのアンマン滞在中には、大きな書店を見かけませんでしたが、本を売っている露店がありました。ヨルダンに住んでいる人々は、元々砂漠の遊牧民族です。本屋さんのおじさんがこんな事を言っていました。「私たち遊牧民には、物欲がない。自分がどこに住んで、何を持っているかより、自分がどの方角を向いているかの方が、大切なんだ」。長い間、砂漠を移動してきた遊牧民のおじさんの話も、また一冊の絵本のようです。

アンマンの露店

第2章　ヨーロッパの本屋さん

ヨルダンは「ブックカフェ」ブーム？

アンマンには、2軒ブックカフェがありました。「ザ・グッド・ブック・ショップ（The Good Book Shop）」は小さなカフェを併設しています。店内には椅子やソファが置かれており、ゆったりと座りながら本を楽しめる雰囲気。店の壁には、名作から引用した言葉が散りばめられており、学校のような知的な空間です。もう1軒のブックカフェ「ブックスアットカフェ（books@cafe）」は2階にカフェがあり、絶景でした。

ザ・グッド・ブック・ショップ

店内

どうやらこれらの店は、地元学生のデートによく使われているようで、カップルらしき若者が、水タバコを吸ったり、お茶を飲んだりしながら、ゆっくりと時間を過ごしていました。そんな景色を眺めているだけで、心が豊かなりました。

ちなみに、ヨルダン大学の周辺に教科書を扱う書店がありましたが、アラビア語がわからないと、読めないものがほとんど。日本文学も翻訳されていますが、アラビア版になると装丁がまったく別物になっているので、どれが日本の作品か判別できず。探すのに苦労します。

ヨルダンの気になる一冊

『Le Petit Prince』（星の王子さま）
Saint-Exupéry　サン＝テグジュペリ

砂漠に不時着した飛行士が、宇宙のどこかの星からやってきた小さな王子さまと出会う物語。フランスの作家によるものですが、ヨルダンでも翻訳出版されている。

Israel

中東のシリコンバレー

イスラエル

テルアビブの砂浜図書館

　イスラエルが、あまりに大都会で驚きました。テルアビブに着いた時は、東京に戻ってきてしまったのか？と思うような感覚でした。実は、初めて行った時は、エジプトからバスで入国したので（しかも、エルサレム行きのバス乗ったのに、なぜか着いたのがテルアビブ）、本当に夢を見ているのかと思ったほどです。美しいビーチがあり観光客も多いです。そんなテルアビブでは2013年からビーチ沿いで移動図書館のプロジェクトが始まりました。海岸沿いに設置された、車に接続できる移動図書館で、自由に本を借りることができます。ヘブライ語の他、4つの言語で様々なジャンルの本が無料で楽

ザ・リトル・プリンス

ステイマツキーの店内

しめるので、観光客でも大丈夫。ビーチに来たら本棚から借りたい本を選び、帰る時に返すのがルールなのだとか。これは、とても良いアイデアです。重たい本を持っていかなくても、日焼けしながら読書が楽しめる。日本でも鎌倉の由比ガ浜辺りで取り入れたら読書人口が増え、話題にもなりそうです。

星の王子さまの「ブックカフェ」

　イスラエルは、ハイテクベンチャー企業が多く集まり、「中東のシリコンバレー」と呼ばれている国でもあります。「イスラエル国立図書館」も、かなり電子化が進んでいます。2020年にはデジタル体験ができるホールを備えつけた「21世紀の図書館」としてリニューアル予定。

　テルアビブにあるブックカフェ「ザ・リトル・プリンス（The Little Prince）」を訪ねてみました。ここは本屋さんとカフェが融合したような空間で、本屋だけ、カフェだけでも利用できます。「The Little Prince」という名前は、フランスの小説家サン＝テグジュペリの名作『星の王子さま（原題:Le Petit Prince）』からとったものです。店内で本が読める図書館のようなスタイルのカフェが中東まで普及しているとは驚きですが、きっと今や全世界の流行なのでしょう。ヘブラ

ツゾメット・スファリム

イ語、ロシア語、フランス語、スペイン語、英語の本がそろっていて観光客も多く、にぎわっています。他にもテルアビブには、同じような仕組みの「ブックワーム（Bookworm）」というブックカフェがありました。

イスラエルの「町の本屋さん」ステイマツキー

　イスラエルには日本の「ジュンク堂書店」のような超大型店は存在していなようです。「ステイマツキー（Steimatzky）」は1925年創業のイスラエル最大の書店チェーン。緑の看板が目印で、国内に約140店を展開しています。規模としては町の本屋さんという感じです。店内は明るく、適度に品ぞろえがよくて、文房具なども少し扱っているような書店です。「ツゾメット・スファリム（Tzomet Sfarim）」は2002年に設立された、国内第2位の書店チェーン。約100店舗ほどを展開しています。

　古書を扱う「グリーン・ブラザーズ・ブックス（Green Brothers Books）」や、アメリカ人がオーナーの「ハルパーズ・ブックス（Halper's Books）」、アートや文学に関するイベントを開催している「シプル・パシュット（Sipur Pashut）」など独立系書店もたくさんあります。

エルサレム

聖地の書店は、聖書だらけ

　イスラム教、ユダヤ教、キリスト教の聖地があるエルサレム。日本では、戦争や空爆の映像ばかり流れるので、普段の生活をイメージできない人も多いと思います。しかし実際に訪れてみると、驚くほど穏やかな暮らしがあり、町には観光客があふれていました。2回目にイスラエルに行った時は冬だったのですが、何と雪が降っていました。標高が800mほどあるので、少しだけ雪が積もることもあるのです。この夢のような景色を眺めつつ、町の本屋さんを捜してグルグル歩いてまわりました。

　エルサレムで意外だったのは、本屋さんではなくスマートフォングッズ屋さんがあふれていたことです。カフェはどこもWi-Fi完備。子どもたちが「そのiPhone新型でしょ。見せて」と寄って来たのには、驚きました。もっとアナログな国かと思っていたのに、まったく予想外のリアクションでした。イスラエル軍の兵士たちも機関銃を持って、大切そうにスマホを触っていました。不思議に思い聞いてみると、実はイスラエル軍の空爆が軍の公式ツイッターで告知されるので、常にチェックしているとのこと。日本人が想像するイメージとまったく違う現実があるのだと思い知らされました。

　エルサレムには、小さな本屋さんが数軒あり、聖地に来たお客さん向けの宗教関係の本を売っていました。聖地の本屋さんは、やはり聖書だらけ。結局、寒さの思い出に毛糸の帽子だけを買ってエルサレムを後にしました。

Chapter 2. Bookstores in Europe Ⅲ Israel

イスラエルの気になる一冊

『Black Box』（ブラック・ボックス）
Amos Oz　アモス・オズ

イスラエルから届いた一通の手紙。差出人は、かつて不倫を犯して別れた妻だった。欧米でベストセラーになった話題作。ノーベル文学賞候補にもなった、イスラエルを代表する作家、アモス・オズは2018年、がんのため死去。

124

ヨーロッパでは、近年日本を題材にした作品が多く書かれています。ベルギー出身でフランスを中心に活躍している作家アメリー・ノートンは、5歳まで日本で育ち、ベルギーの大学を卒業後、三井物産で1年間働いたことがあります。自分自身の日本社会での理不尽な体験を描いた自伝的小説『畏れ慄いて』が、フランスで大ベストセラーになり、すっかり有名人の仲間入りを果たしました。

ヨーロッパの作家図鑑

偉大なポーランドの詩人
ヴィスワヴァ・シンボルスカ
1923-2012

わかりやすい言葉を使いつつ、皮肉も交える独自のスタイルを確立し、1996年ノーベル文学賞を受賞。代表作は『終わりと始まり』、『橋の上の人たち』

ノーベル文学賞を受賞した日系イギリス人作家
カズオ・イシグロ
1954-

代表作は『わたしを離さないで』、『日の名残り』、『忘れられた巨人』

ドイツの偉大な児童文学作家
ミヒャエル・エンデ
1929-1995

父はシュルレアリスムの画家エドガー・エンデ。翻訳者佐藤真理子と結婚。長野県の黒姫童話館にはエンデの展示室もあるほど日本でも人気。代表作は『モモ』、『はてしない物語』

イタリアの小説家、学者、記号学者
ウンベルト・エーコ
1932-2016

歴史小説『薔薇の名前』が世界的に大ヒット。『フーコーの振り子』、『前日島』の他、対談『もうすぐ絶滅するという紙の書物について』なども知られている

ポルトガルのノーベル賞作家
ジョゼ・サラマーゴ
1922-2010

代表作『白の闇』は『ブラインドネス』として2008年に、『複製された男』は2014年にそれぞれ映画化された

現代ロシアの最重要作家
ウラジーミル・ソローキン
1955-

モスクワ出身の現代ロシアを代表する異端児。代表作は『愛』、『青い脂』

ベルギー出身の人気小説家
アメリー・ノートン
1966-

ベルギーの由緒ある名門貴族の家系の出で、父は外交官。自伝的小説『畏れ慄いて』の他に『午後四時の男』、『幽閉』など

フランスの小説家、映画監督
ジャン=フィリップ・トゥーサン
1957-

ベルギー出身でフランスのミニマリズム小説家。映画監督としても知られる。代表作は『浴室』、『ムッシュー』、『カメラ』

Column : European Writers

第3章
アメリカの本屋さん
北米／中南米
Chapter 3. Bookstores in Amarica, North America / Central, South America

アメリカ 本の聖地

本屋の戦国時代が始まった

　アメリカの書店業界は、かつてない激動の時代を迎えています。全米に600店舗以上を構える国内最大の書店チェーン「バーンズ・アンド・ノーブル（Barnes & Noble）」は2018年、従業員約1800人を解雇。また、かつて全米第2位の書店チェーンだった「ボーダーズ（Borders）」は、2011年に倒産しました。このように巨大書店が失われていく現象は、アメリカに限らず世界中で同時多発的に起きています。

　一方、独立系書店はじわじわと人気を盛り返しています。驚異的なスピードで成長しているネット通販最大手のアマゾンは、本の販売だけでなく、スマートスピーカーのAmazon Echo（アマゾン・エコー）やタブレット端末のKindleなどを展開し、新しい時代の流れを作り出しています。2015年にオープンしたアマゾンのリアル書店「アマゾン・ブックス（Amazon Books）」は、世界中の話題を集め、新店舗を続々とオープン、あっという間に17店舗に（※2019年8月時点）。「カスタマーレビューが1万件を超えている本」の棚や、ネット上のレビューが本棚の脇に表示される仕組みなど、アマゾンが持つ膨大な情報がリアル空間に活かされています。もちろん、決済はキャッシュレスです。

アマゾン・ブックス

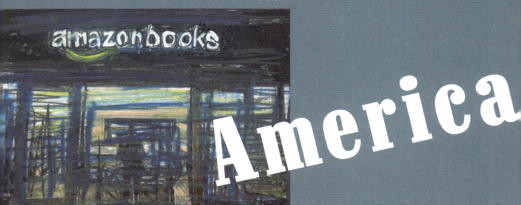

バーンズ・アンド・ノーブル

「レストラン書店」という実験

　苦戦を続けている老舗書店の「バーンズ・アンド・ノーブル」は、新しい展開として「レストランのある書店」を始めました。2016年に「バーンズ・アンド・ノーブル・キッチン（Barnes & Noble Kitchen）」1号店がニューヨーク郊外にオープン。現在はミネソタ、カリフォルニアなどで5店舗を展開。地ビール、ワイン、本格的な食事が楽しめる「カジュアルダイニング」と「本屋」の融合という新しい形態です。この実験が定着するのかは未知数ですが、世界中で「本屋×○○」という異業種を組み合わせた展開が、当分続きそうな勢いです。

　お隣のメキシコでも、カフェ&レストランのある本屋「エル・ペンデューロ（El Péndulo）」が人気で、ポランコ店がイギリ

バーンズ・アンド・ノーブル・キッチン

第3章　アメリカの本屋さん

スのガーディアン紙で「世界の素晴らしい書店10選」に選ばれたこともあります。

　イギリスでは巨大書店チェーン、「ウォーターストーンズ」のピカデリー店に軽食が楽しめるカフェがあります。老舗書店「フォイルズ」でも本格的なカフェで飲食ができるようになりました。中国、上海では大型書店「新華書店」の店内に本格フレンチのレストランがオープン。日本では、東京の新宿三丁目にある「ブルックリン・パーラー」が飲食可能です。これからも本格的な「レストラン書店」が増殖しそうな予感がします。

無人化する店舗「Amazon GO」

　次世代型書店の新しい展開として、最も注目されているのが「無人化」です。日本でも東京の三鷹にある"ガチャガチャ"で支払いをする無人古書店「ブックロード（BOOK ROAD）」や、2018年にオープンした奈良の「ふうせんかずら」など無人本屋はありますが、普及するのはもう少し時間がかかりそうな印象です。

　世界最先端の無人店舗「アマゾン・ゴー（Amazon Go）」は、ひとことで説明すれば「レジに人がいない無人コンビニ」です。「Just Walk Out（ただ持って出るだけ）」がキーワード。2018年に1号店がシアトルにオープン。その後はシカゴ、ニューヨークなど全米でどんどん増え、あっという間に13店舗を展開するまでに（※2019年8月時点）。事前にスマートフォンに専用アプリをダウンロードし、ゲートでQRコードをスキャンして入店。あとは、商品を自由に手にとり、そのまま店を出るだけ。それだけでいいのです。ちょっと万引きしているような気分になってしまいますが、店内にあるセンサー

アマゾン・ゴー

やカメラで、どの商品を購入したのかわるようになっていて、店を出るだけで会計は自動で行われます。試しにサンフランシスコ店を訪ねてみたところ、店内に調理スペースがあり、サンドイッチなどをその場で作っていました。オレンジ色のシャツを着たスタッフがとても丁寧で、店内もとても清潔。品ぞろえも充実していて、好感が持てました。テイクアウト用のサラダ、サンドイッチ、テリヤキチキンなどのランチボックスが人気で、食材とレシピがセットになったAmazon Meal Kits(アマゾン・ミール・キッツ)という食材キットも健康志向のアメリカ人に評価が高いようです。レジに並んでイライラしながら待つ必要がないのが驚きでした。

まだ従来のコンビニのように食品や飲料が中心の品ぞろえですが、全体的にヘルシー感が漂っていて高級コンビニのような印象を受けました。2021年までに国内に最大3000店舗をオープンする、というニュースもありました。銀行口座やクレジットカードを所持しない貧困層はどうする?などの議論の末に現金決済もできるようになったため、普及するのは時間の問題なのではと思っています。レジのスペースも人もいらない。日本のコンビニや本屋さんも近い将来こんな風に進化するのでしょうか。「無人本屋」ができてもまったくおかしくない技術の進歩です。

「Just Walk Out」のマグカップ

「書き込み本」の可能性

アメリカの本屋さんでよく見かけるのが、書き込み型の「ハイブリッド本」です。ノートのようなアートブック、あるいは、本のようなノートというスタイルが流行しています。

そんな魅力あふれる出版物を作っているのがアメリカ西海岸を代表する出版社「クロニクル・ブックス(Chronicle Books)」。元々は、1967年に新聞社の出版部門として設立されました。イラスト、デザイン、アート、フード、ライフスタイル、ポップカルチャー、児童書まで斬新な企画の本を出版し、世界中で翻訳されています。642のお題が書かれ

クロニクル・ブックスのロゴマーク

クロニクル・ブックスの店内　　　　　　　　クロニクル・ブックスの本

　た文章術の本『642文章練習帳』や642のお題に沿ってイラストの課題をこなしていく『642イラスト練習帳』が、特にお気に入りです。日本語に翻訳された本もいくつかあり、日本でも買えますが、サンフランシスコの店に行くと品ぞろえの多さに驚きます。まるでギャラリーのような空間の中に、愛情込めて作られた作品が丁寧に並べられているのです。

　クロニクル・ブックスのように、本そのものを「使える道具」のように拡張すれば、書籍の電子化がいくら進んでも、紙の本が負けることがないような気がします。

独立系書店の挑戦

　アメリカでは、長く愛されている中規模の独立系書店が各都市に存在していて人気があります。日本の町の本屋さんとは少し違っていて、店の作りも、店主も、グッズも独自の個性にあふれていて、アメリカらしい文化を感じます。

　例えば、ニューヨークのイーストビレッジ近くにある1927年創業の老舗書店「ストランド・ブックストア（Strand Bookstore）」はトートバッグの種類が豊富で人気。新本と古書、どちらも扱っています。

　オレゴン州ポートランドを拠点とする独立系書店で有名なのは、1971年創業の「パウエルズ・ブックス（Powell's Books）」。いまや町のランドマークにもなっており、ポートランドを象徴する憧れの空

間となっています。

　特に独立系書店の多いサンフランシスコは、本好きの聖地です。読書好きなら一度は訪れたくなるような伝説の書店が多く集まる町は、世界中探してもここしかありません。朗読会、読書会を開催したり、ZINEを自分たちで出版したり、カフェを融合させたり……。さまざまなブックカルチャーの発祥の地となったサンフランシスコは今も新しい読書文化を世界に先駆けて発信しています。

ストランド・ブックストア

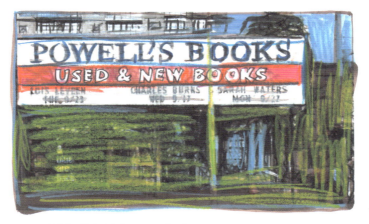

アメリカ最大級の独立系書店パウエルズ・ブックス

第3章　アメリカの本屋さん

サンフランシスコ・San Francisco

カウンターカルチャーの聖地

シティ・ライツ・ブックストア

サンフランシスコのシンボルともいえる「シティ・ライツ・ブックストア（City Lights Booksellers & Publishers）」を訪ねました。1950年代から60年代にかけてビート・ジェネレーションを代表する作家たちの活動の中心となった場で、独自の出版も行っています。

アレン・ギンズバーグの有名な詩集『HOWL（吠える）』、ジャック・ケルアックの『On the Road（路上）』の版元としても知られています。他にもウィリアム・バロウズ、チャールズ・ブコウスキー、ゲーリー・スナイダーなど様々な作家、詩人たちが活躍した伝説的な本屋さんです。

2階に上がると詩の朗読スペースがあり、とても美しい文学的な空間が広がっています。天井が高く明るい店で、町の人も観光客も交ざりあっています。オリジナルのバッグとTシャツが定番のお土産ですが、トートバッグは何種類もあって迷ってしまいます。サンフランシスコ文学マップのポスターも人気。ここは間違いなく、世界の素晴らしい本屋ベスト10に入ると思います。

詩集
『HOWL（吠える）』

世界一美しい「地域密着型」書店

1967年にリッチモンド地区で開店した独立系本屋「グリーン・アップル・ブックス（Green Apple Books）」もサンフランシスコの名店の一つ。本好きの聖地として知られ、緑の看板、青リンゴマーク

グリーン・アップル・ブックス

のグッズが人気です。少し不便な場所にありますが、わざわざ行く価値があります。歩くと木の階段がギシギシと音を立てるほど古い店内は、何度も改築が重ねられ、味わい深く、まるで映画のセットのようです。

　至る所に無造作に本が積まれ、壁は手描きのポップで埋め尽くされています。本棚はごちゃごちゃしていますが、そこにいるだけで、本のエキスを吸収できるような魅力のある空間となっています。町の中心から離れた場所にあるということもあり、店には地元の本好きのお客さんが多く、古本も買い取ってくれる「町の本屋さん」としても機能しています。どこを見てもサンフランシスコの歴史と自由を感じる地域密着型の名店です。

地元のアーティストを支援する空間

　アート好きなお客さんであふれるサンフランシスコらしいお店、「ドッグ・イヤード・ブックス（Dog Eared Books）」と「アリー・キャット・ブックス・アンド・ギャラリー（Alley Cat Books and Gallery）」もぜひ訪れてほしい独立系書店です。2店は姉妹店で、選び抜かれた本と手書きのポップが並ぶ店内は、優しさと温かさがあふれています。

　ちなみに「ドッグイヤー」とは、時間の移り変わりが早いことを指す言葉。「アリーキャット」とは、「裏通りをうろつくのら猫」の

第3章　アメリカの本屋さん

こと。新刊と古本どちらも扱っていて、セレクトも若いクリエイター向け。天井ギリギリまで壁一面に地元作家の絵画がギッシリ飾られているのが印象的です。アリー・キャット・ブックス・アンド・ギャラリーの店の奥には

ドッグ・イヤード・ブックスの看板

ギャラリーがあり、地元のアーティストの展示が楽しめます。どちらも、少しユルい感じで「雑さ」が心地よい店です。

遊び心あふれるおもちゃ箱

　隠れ家的な書店＆アートギャラリー「アドビ・ブックス（Adobe books）」も行くべき店です。品ぞろえは古本中心で、オリジナルのトートバッグやTシャツが人気です。地元アーティストの作品や雑貨を探すならここがオススメ。かわいいカーゴに載せられた本のワゴンセールが行われていたり、5～7ドル（約540～756円）程度で、中身を隠した目隠し本がさりげなく売られていたりと、楽しい店です。ちなみに、カナダのトロントにある古本屋「モンキーズ・ポー（The Monkey's Paw）」には、2ドル（約216円）を入れるとランダム

アドビ・ブックスの店内

目隠し本のコーナー

に古本が出てくる「BIBLIO-MAT」という古本自動販売機があります。

この他にも、アートブック専門の「プレス（PRESS）」、アートブックや写真集の「パーク・ライフ（PARK LIFE）」、「ニードルズ・アンド・ペンズ（Needles and Pens）」は独自に出版した個性的なZINEや写真集、ハンドメイドのアクセサリーなどがたくさん置いてあり、サンフランシスコの本屋めぐりは、何日あっても時間が足りません。

パーク・ライフの店内

アメリカの空港と本の自販機

アメリカの空港ではiPadやKindleなどのタブレットの普及が目につきます。荷物を最小限に減らしたいという人が多い空港なので、タブレット派が多いのかもしれませんが、南米からトランジットで北米に降りると、紙の新聞やペーパーバックを読んでいる人をほとんど見かけなくなるので、少々違和感を感じてしまいます。以前にニューヨークの読書会を取材した時も、紙の本を持っている人が誰もいなかったので、もはや普通のことなのかもしれません。日本の読書会では、ほとんどの人が紙の本に付箋を貼るアナログスタイルで読むことが多く、国によってずいぶん違うな、と感じます。

さらに驚いたのは、空港の自動販売機でiPadを売っていること。さすが、世界最大の家電量販店「ベスト・バイ（Best Buy）」。やることが大胆です。iPadだけでなく、ケースやヘッドフォン、GoPro（ゴープロ）のミニカメラまであります。待ち時間が退屈な空港が、すてきなテーマパークに早変わりします。日本も近い将来、自動販売機があふれて、その場でダウンロードした電子書籍を読む時代がやってくるのかもしれません。

※ドル＝108円で換算しています

ブックトートバッグ図鑑

アメリカ編

各書店が新作デザインを次々と発売している、ブックトートの聖地アメリカ。トートバッグ以外にも、マグカップやTシャツなども販売しており、全部集めたら大変です。人気が高いカリスマショップのトートは、日本でもネット販売されています。

Column : Tote Bags from America

1. サンフランシスコを代表する書店「グリーン・アップル・ブックス」の大型トート　2. アート好き垂涎（すいぜん）の「アドビ・ブックス」のトート　3. サンフランシスコの「シティ・ライツ・ブックストア」のミニバッグ　4. ニューヨークの老舗「ストランド・ブックストア」のシンプルなトート　5.「マーク・ジェイコブス」が手がける新感覚ブックストア「ブックマーク」のトート　6. ポートランドの老舗「パウエルズ・ブックス」のトートはいろいろなデザインのものがある　7.「BOOKS NOT BOMBS（本は爆弾ではない）」のメッセージトート　8. エリック・カールの絵本『はらぺこあおむし』のトート

中米のコーヒー王国

ニカラグア

本は大切な贈り物

　ニカラグアは、中南米の貧困国の一つです。首都マナグアに到着して、ノートパソコンを持って歩いていたら、おじいさんに「ノー！ノー！」と注意されました。最初は、意味がわからなかったのですが、よく話を聞いてみると「殺されるよ」と、しきりに言っています。強盗が多いので歩きスマホもやめた方がいいとのこと。「腕ごと持ってかれるよ」と真剣に怒られました。

　マナグアは人口の8割が貧困層といわれています。町は廃墟だらけで、旧大聖堂も1972年の大地震で壊れたまま修理されていません。町のシンボルを直すことすらできないなんて、日本人の感覚からするとまったく信じられないことかもしれません。電気も不安定で、ホテルで携帯電話を充電したら、いきなり電圧が変わってショートしてしまいました。そんなニカラグアのオルテガ大統領夫人は現役の魔女だそうで（本当かどうかわかりませんが）、しばしば「魔女の国際会議」が開かれているらしい。この国では、黒魔術がまだ使われており、1回20ドルほどで誰でも嫌いな人に呪いをかけることができるのだとか。

　いろいろと謎が多いニカラグアですが、町を歩いても、どこにも

マナグアの本屋

入口に警備員がいる

本屋さんは見当たりませんでした。地元のガイドさんに聞いてみると、マナグアには本屋さんが数軒あるとのこと。ようやくたどり着いた本屋さんは、高級デパートの中にありました。入口には警備員がいて、カバンを預けなければなりません。中南米の本屋さんでは、よく見かけるシステム。本はかなり高級品のようで、自分が楽しんで読むというより、贈り物として購入されているそうです。訪れた日が母の日の前日だったため、きれいにラッピングされた本が、ショーウィンドーの中にたくさん並んでいました。

棚をよく見ると、日本の本もありました。川端康成の『Kioto（古都）』と、もう1冊が片山恭一の『世界の中心で、愛をさけぶ』。全体的にガイドブックやビジネス書などは少なく、小説が多いような印象でした。

スーパーマーケットという本屋さん

他に本を売っている場所を探していたところ、スーパーマーケットにあるとの有力情報を入手。さっそく行ってみると、レジの横に本棚があり、かなり品ぞろえが豊富でした。雑誌だけでなく、料理本、健康本なども多く、見ているだけで楽しい。なぜかダライ・ラマの本をよく見かけました。画集もたくさん置いてありました。西友やサミットなどの日本のスーパーで、古代エジプトの写真集やキ

スーパーのラック

リスト教美術の画集などが売られているのは見たことがないので、面白かったです。

　スーパーマーケットで見つけた本は『Las 8 Claves del Liderazgo（リーダーシップの8つの鍵）』、『34 Pasos para Construir Tu Futuro（あなたの将来をつくる34のステップ）』。少し自己啓発っぽい本が人気のようです。日本のコンビニとも似ています。『Patrones de Moda（ファッションパターン）』という雑誌は、「家族みんなでお洒落しましょう」という感じの写真がたくさん載っていて、興味深い。健康、グルメ、ファッションに需要があるようです。

　さらに、コンビニにも行ってみました。女性向けのファッション誌が多く、男性向けの健康情報誌や、テレビ情報誌もありました。ニカラグアの人たちが何に興味があるのかよくわかります。この国では、健康への興味が高いようで、マクドナルドのトレイの上には、全メニューのカロリー計算表が敷かれているほどです。

文房具としての本

　バスとスピードボートを乗り継いで、ニカラグアの東側、カリブ海沿いにある町ブルーフィールズへ行きました。前日にボートが川

ブルーフィールズの本屋さん

で転覆した事故が起き、心配しましたが、無事に到着。町に着くとギャングの抗争があり、緊張が走りました。タクシーの運転手さんに「最近、買った本は何ですか？」と聞いたら、「ルベン・ダリオの詩集だ」という答え。ルベン・ダリオは、ニカラグアの国民的詩人。本は高級品なので、3ヵ月に1冊くらいしか買えないようです。電子書籍はまだ普及しておらず、新聞や本は紙で読まれています。高温多湿で雨が多く、電子機器などの持ち歩きにむかないニカラグアには、やはり紙の本が似合います。

　ブルーフィールズで、一番大きな本屋さんを発見し、行ってみましたが、置いてあるのはほとんどが文房具でした。店員さんに聞くと、本棚は一つだけとのこと。本はわずか20種類ほどで、全部で50冊ほどしか在庫が無いそうです。店員さんに好きな作家を聞いたら、ここでもルベン・ダリオが好きだという返答が。『Azul（青）』という作品がオススメのようでした。

　現地滞在中は、毎日雨が降ったり止んだり、ジメジメした日が続いていましたが、「言葉の雨で紙が濡れることはない。やはり紙の束がいいな」と改めて思い、そこで1冊買うことに。読めないけど、ルベン・ダリオの本は大切な宝物になりました。

ブルーフィールズの本屋さんの店員

コーヒー豆が並ぶ店本棚

　空港の本屋さんは、これまでこの国で見たどの書店よりも本が充実していました。ノーベル文学賞を受賞したペルー人作家、マリオ・バルガス=リョサや、『アルケミスト　夢を旅した少年』で知られるブラジル人作家、パウロ・コエーリョの最新作も並んでいました。ニカラグアの革命家、サンディーノの本のコーナーもあります。彼は国民にとても人気があるようで、空港は「アウグスト・セサル・サンディーノ国際空港」という名前がついています。

　中南米の人は文学が好き。詩も好き。思想も哲学も好き。そんな想いがギッシリ詰まった本棚でした。本と一緒の棚でコーヒー豆が売られていたのも、ニカラグアらしい景色。本棚は文化を映す鏡。「その国を知るには、空港の本棚をよく見るべし」と思います。

第3章　アメリカの本屋さん

ニカラグアの気になる一冊

『Azul』(青)
Rubén Darío　ルベン・ダリオ

ラテンアメリカで最も偉大な詩人とも呼ばれるニカラグアの詩人、ルベン・ダリオが1888年に発表した代表作。

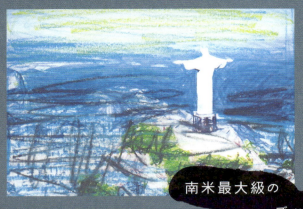

南米最大級の
ブックシティ

ブラジル Brazil

美術館のような本屋さん

　南米大陸の約半分を占め、豊かな自然や陽気な人々が魅力的なブラジル。リオのカーニバル、アマゾン川、イグアスの滝など人気の観光スポットも多い国です。国土面積は、日本の約22倍。人口は約2億人。首都はブラジリア。日本の裏側にある巨大な大国です。

　大手書店チェーンは厳しい経営状況にあるようで、国内最大手「サライーヴァ（Saraiva）」と、同じく大手書店チェーンの「リブラリア・クルトゥーラ（Livraria Cultura）」はともに2018年に民事再生手続きの申し立てを行いました。サライーヴァは1914年設立と歴史が古く、ブラジル全土に80店舗以上を展開していました。リブラリア・クルトゥーラは1947年設立。遊び心あふれる大型書店チェーンで、国内に10店舗以上を展開し人気でした。2社とも現在も営業を続けていますが、今後の動向が気になるところです。他には、1943年設立の「ノベル（Nobel）」という大手書店チェーンもあります。

　さすがはサッカーと音楽の国。カフェ併設のスポーツ専門書店や、ボサノバで使うCDや楽器と本などが並ぶ音楽専門書店などもあります。ポルトガル語なので文字には苦労しますが、町なかには味わい深い小さな古本屋さんもあり、建物を眺めているだけでも楽しめます。

メガシティのモダンな本屋

リブラリア・クルトゥーラの店内

　サンパウロは南半球最大のメガシティ。人口は1100万人以上とあって、本屋さんもたくさんあります。「リブラリア・ダ・ヴィラ（Livraria da Vila）」は、サンパウロで一番と名高い書店。丸くくり抜かれた地下1階の天井や優雅な螺旋状の黄色い階段が印象的。壁という壁がぎっしり本棚で埋め尽くされており、とにかく内装が美しい。ポルトガル語はもちろん、英語とスペイン語の本もそろっています。大きなソファと心地いいクッションもあり、何時間でもいられそうな空間。さすがブラジル、という感じのモダンな本屋さんでした。

　棚にはブラジル文学がずらり。パウロ・コエーリョがすっかり有名になりましたが、他にも人気小説家はたくさんいます。ラテンアメリカ文学で最重要作家のひとりといわれている文豪マシャード・デ・アシスの『ブラス・クーバスの死後の回想』は傑作として知られています。死んでから作家となった書き手が語るという不思議な物語です。また、ジョルジェ・アマードの名作『砂の戦士たち』は、路上生活をおくる少年少女たちを描いた文学作品。ストリート・チルドレンのドキュメンタリーとしても高い評価を受けています。日系アメリカ人版ガルシア＝マルケスともいわれるカレン・テイ・ヤマシタがブラジルを舞台に描いた『熱帯雨林の彼方へ』などもマジックリアリズム文学の傑作として名高くオススメ。

第3章　アメリカの本屋さん

ブラジルの気になる一冊

『Gabriela, Cravo e Canela』
（丁子と肉桂のガブリエラ）
Jorge Amado　ジョルジェ・アマード

ブラジルの文豪アマードによる長編小説。笑いとエロスに満ちたカーニバル的世界。

145

アメリカの美しい図書館

2013年テキサス州のバス停留所に、世界初の公共電子図書館「ビブリオ・テック」がオープンしました。紙の本はなく、電子書籍を借りることができるサービス。このような新しい実験的な試みが多いものの、紙の図書館もまだまだ健在です。

1
バイネッキ稀覯本・手稿図書館
Beinecke Rare Book & Manuscript Library

 アメリカ／ニューヘイブン

コネチカット州にあるイェール大学のバイネッキ稀覯本・手稿図書館。珍しい本や書類を所蔵する図書館としては世界最大規模。大理石を使った特殊な壁と窓。日光で本がダメージを受けることなく、かつ読書するのに十分な明るさの光が入ってくるようデザインされている本の要塞です。

2
王立ポルトガル図書館
Royal Portuguese Reading Office

 ブラジル／リオデジャネイロ

リオデジャネイロにある王立ポルトガル図書館は、1837年、ポルトガル人によって設立され、1900年に公立図書館になりました。幻想図書館と呼ばれ、世界中の本好きから注目されています。

3
自転車図書館
Bicycle Library

 ブラジル／サンパウロ

サンパウロ市内には、赤い三輪車の「自転車図書館」が走っています。路上生活者に本の貸し出しを行う「ビシクロテッカ」です。このNGOを運営しているのは、ジョージ・オーウェルの本『動物農場』を読んだことで人生が変わったという元路上生活者ロブソン・メンドンサさん。もちろん身分証明がない人にも貸し出しをしています。

4
シアトル中央図書館
Seattle Central Library

アメリカ／シアトル

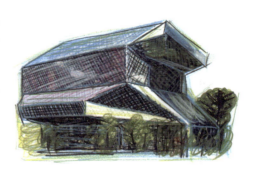

オランダ生まれの建築家レム・コールハース率いる建築設計事務所OMAが設計した斬新なシアトル中央図書館は2004年に開館。何冊も重ねた本をイメージしています。シアトル市にある図書館の数は、なんと28館。一般的な日本の町の2、3倍もの数があります。

5
メキシコ国立自治大学中央図書館
UNAM Central Library

メキシコ／メキシコシティ

メキシコ国立自治大学の図書館。世界遺産登録されたキャンパス内にある、世界最大級の壁画がすごい。建築家フアン・オゴルマンによって、アステカ文明、太陽と月、宇宙、科学、政治などをテーマに壮大な物語が描かれています。

Bolivia
ボリビア

リアル幻想文学

標高4000メートルの文学カフェ

　南米大陸の中央に位置するボリビア。首都ラパスの空港は、標高4000メートルを超す位置にあります。酸素が薄く、乗客の多くが高山病になります。もちろん空港には、酸素ボンベが常備されていますが、ここで挫折する人も多く、ツアーもなかなか成立しないそうです。マクドナルドが赤字経営に限界を感じ全店舗撤退したことも。一度進出しておきながら撤退するというのは、世界でも珍しいようです。

　町に出ると、クラクラしてうまく歩けません。到着した日は意識が朦朧とし、ちょっと小走りに歩くと、もう胸がバクバクして倒れそうでした。こんな空気が薄い場所で、みんないったいどうやって暮らしているのか不思議です。

　町の中心にあるマーケットは「魔女の市場」と呼ばれているだけあって、魔女グッズがずらりと並んでいました。占い師、魔女たちが店を出し、天然ハーブや動物のミイラ、開運グッズなどを販売しています。魔術や儀式に使う材料や道具も所狭しと並んでいます。アルパカに似たラクダ科の動物リャマの胎児のミイラは儀式に使います。神様に捧げたい物（ミイラ、お菓子、お供え物）を買って、儀式の時に燃やすのだそうです。

　マーケットの近くに「KIOSCO DE LIBROS」という本の売店を発見。観光客向けの地図やポ

スターなどが少しだけ置いてありました。学校の近くで見つけた本屋さんにはスペイン語の教科書や書籍がたくさん並んでいました。「ライターズ・コーヒー（The Writers's Coffee）」はラパスで人気のブックスポット。書店の一部を改造し、リノベーションしたボリビアの文学カフェです。「幸福は一杯のコーヒーと本当に良い本」というキャッチフレーズが掲げられ、美味しいコーヒーが提供されています。天井まで届く棚には、地元の芸術や歴史に関する書籍がずらりと並んでいます。

学校近くの本屋さん　　　　　　ライターズ・コーヒーの店内

チチカカ湖と本、ときどきUFO

　ペルーとボリビアにまたがる標高3810mの場所に位置するチチカカ湖。広さは琵琶湖の約12倍で、インカ時代から神秘の湖として崇められています。標高が高いせいなのか、湖の表面がキラキラ幻想的に光っていて、どこか他の惑星を探索しているような気分になります。ここでは驚くべきことに、トトラという葦のような植物を重ね合わせた浮島の上で先住民族が暮らしているのです。家もベッドもトトラで作り、おやつにトトラの若い茎を食べています。トトラのボールを使ってサッカーをしている子もいました。子どもたちは船に乗って陸上にある小学校に通っています。親たちは魚を獲ったり、工芸品を作ったりして暮らしています。観光化も進んでいるので、浮島を訪れる観光客にお土産を売って生活している人がほとんど。携帯電話も普及していて、思ったより普通の暮らしぶりでした。
　この浮島に本はあるのか？勉強はどうしているのか？聞いてみると、

チチカカ湖の浮島

トトラの浮島

Chapter 3. Bookstores in America III Bolivia

みんな学校で使う教科書を持っており、スペイン語の読み書きもできるそうです。ここに来て一番驚いたのは、チチカカ湖に住む人たちはUFOをたびたび目撃しているということ。空から飛んできて湖に出入りしているらしいのですが、これは一体どういうことなのでしょうか？ 誰に聞いても「よく見ている」との答え。これほどUFOと共存している人たちに出会ったことがありません。

ウユニ塩湖の本棚

　ボリビアの南西部、標高3700mほどのところにある塩の大地、ウユニ塩湖へ行きました。雨期になると湖面に水が溜まり空を映し出す神秘的な絶景が有名。まぶしくて、サングラスをかけていても目がヒリヒリします。水たまりに立つと、湖面が鏡のようで方向感覚が無くなってしまいます。以前外国の旅行者が乗った車同士が激突

して亡くなったこともあり、塩の上に十字架が立てられていました。

　ウユニ塩湖に行く途中は、リャマや同じくラクダ科のビクーニャくらいにしか出会わず、生えているのはサボテンばかり。やはりここまで来ると本屋さんはありませんでした。ウユニ塩湖内にある唯一のホテル「プラヤ・ブランカ（Playa Blanca）」に宿泊したのですが、部屋の壁も、ベッドも塩でできており、現在は博物館という名前で営業しているようです。このホテルの一角に本の販売コーナーがありました。売られていたのは、世界的に最も有名なガイドブック『ロンリー・プラネット（Lonely Planet）』と聖書。なかなか興味深い選書です。

　これより先にあるフラミンゴの楽園まで合計2週間かけてまわりましたが、結局この先では、本に出会えず。天国に一番近い本棚は、おそらくこのプラヤ・ブランカの本棚でしょう。夜は、まさに星が降るような絶景。一度は訪ねてみるべき幻想文学のような場所です。

塩のホテル、プラヤ・ブランカ　　　　ウユニ塩湖の結晶

第3章　アメリカの本屋さん

ボリビアの気になる一冊

『O Diário de um Mago』（星の巡礼）
Paulo Coelho　パウロ・コエーリョ

ブラジルの作家、パウロ・コエーリョがスペインの聖地、サンティアゴ・デ・コンポステーラまでの巡礼路を歩いた体験を下敷きにして書いた作品。

アメリカの日本文学

アメリカの大型書店でよく見かける日本の小説といえば村上春樹の作品。『海辺のカフカ』は英語版が、2015年ニューヨーク・タイムズ紙で年間の「ベストブック10冊」に選ばれたり、サイン会が開かれたりするほどの人気。「カズオ・イシグロ」が日系イギリス人であるように「ハルキ・ムラカミ」も日系アメリカ人だと思っている人が多いらしいです。ニューヨークでは村上春樹の読書会や朗読会、朗読劇なども開催されています。装丁家のチップ・キッドによるお洒落なデザインも彼の人気を高めている要素のひとつ。最近では、太宰治、川端康成、安部公房などの作品もよく書店で見かけます。

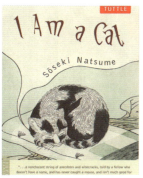

夏目漱石の長編小説『吾輩は猫である』は英語版だと『I Am a cat』とシンプルな題名に

芥川龍之介の小説『羅生門』は『RASHOMON』

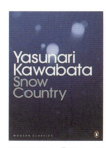

川端康成の『雪国』は『Snow Country』

吉本ばななの『キッチン』は『KITCHEN』

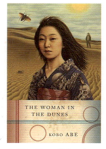

安部公房の『砂の女』は『THE WOMAN IN THE DUNES』

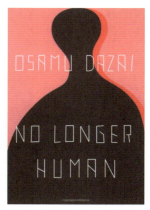

太宰治『人間失格』の英語版は『NO LONGER HUMAN(もはや人間ではない)』

Column : Japanese Literature in America

152

パラグアイ

南米のニッポン

公園の仮設書店

　パラグアイは、南アメリカの中央南部に位置する国。アメリカ、ブラジルと2回乗り継いで、首都アスンシオンに着いたのは、日本出発から3日目。到着すると、どこか懐かしい香りがしました。日系人が多く、日本人が歩いていてもまったく違和感がありません。実はパラグアイには「イグアス居住区」と呼ばれる日系人の町があります。1930年代から移住した約1万人の日系人が住んでいて、旅館、学校、鳥居など日本の文化が受け継がれています。

　アスンシオンのメインストリート、パルマ通りには本屋さんは見当たりません。みんな、のんびりと一日中「テレレ（Tereré）」と呼ばれるマテ茶を飲んでいます。お茶に薬草を入れ、独自にブレンドして作ることも多く、健康ドリンクのような存在。市場に行くと、自分の体にあった薬草を配合してくれます。南米では、このマテ茶の壺を家族や仲間と回し飲み、絆を深めます。日本にもお茶を回し飲みする文化はあります。キリスト教でもワインを入れた杯を回し飲みする文化があり、これらがどう互いに影響しあっているのか、興味がわきます。

　しばらく歩いていると公園の中に不思議なピラミッド型の「セルビリブロ（SERVILIBRO）」という本屋さんを発見。ここは1990年代

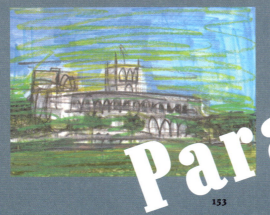

Paraguay

セルビリブロ

に「市民のために文化的なスペースを作りたい」と、市長と書店の店主が資金を集めて作った仮設の本屋さんなのだとか。本を読む習慣の少ないパラグアイだからこそ、本を読む重要性を根付かせようという市民の強い意志が感じられる美しい空間です。

デパートの中の出張本屋さん

　本屋さんがありそうなデパートに行ってみると、にぎわっている出張本屋さんを発見。イベント会場の一角で、靴屋や洋服屋と一緒に、週末だけ販売をしているそうです。売られていたのは、アメリカのベストセラー小説、サスペンスやミステリー、料理、健康、子ども向けの絵本など、すべてスペイン語翻訳版です。本は3000円くらいのDVDを買うような感覚に近い、

デパートの出張本屋さん

ちょっと「よそいきのメディア」という印象を受けました。固定の書店を運営するほど本が売れるわけではないので、実店舗を出すのは難しいのが現状のようです。

日本といえばマンガ

　一軒の小さな町の書店を見つけました。宗教関係の本や教科書などが売られていましたが、なぜか一番多く並べられていたのは、シェイクスピア全集。まだまだ本は「娯楽」ではなく、「教養」という感じがしました。パラグアイの最も有名な作家アウグスト・ロア＝バストスの本もありました。代表作は、日本語版にもなっている『汝、人の子よ』です。

　店の人に聞いてみると、本は同じスペイン語圏であるお隣、アルゼンチンからの輸入が多く、パラグアイ独自の文化を紹介する本が少ないのだとか。パラグアイでは、先住民が使っていたグアラニー語が、スペイン語と共に公用語になっています。

シェイクスピア全集が並ぶ

地方に行くとスペイン語が通じない村もあります。しかしグアラニー語の本は少なく、スペイン語のものばかり。南米の中でも珍しく、先住民の言語が公用語として使われているパラグアイ独自の出版文化を作っていくためには、グアラニー語の印刷物が必要だと強く感じました。

　この本屋さんには日本の忍者マンガ『NARUTO-ナルト-』のスペイン語版がずらりとそろっていました。ラテンアメリカでは、日本のマンガやアニメが人気で「オタク」と呼ばれる熱狂的なファンもたくさんいます。他にも、『BLEACH（ブリーチ）』や『ONE PIECE（ワンピース）』が知られており、他の親日度の高い国同様、日本のポップカルチャーが文化の相互理解ツールになっていてうれしく思います。

コピーの本屋さん？

　カラガタウは首都アスンシオンから約100キロ離れたところにある町。ここで戦後パラグアイに渡ってきた日系移民の久岡さんという方を訪ねました。畑に囲まれた家でのほぼ自給自足の生活。日本の食事を愛し、富士山の絵を飾り、五右衛門風呂に入るという暮らしをしています。また、日本語の本を読んでいたことには驚きました。新聞の連載も、コピーして製本し大切に読んでいました。パラグアイでは、本があまり売っていないため、その代わりに町のコピーサービスが発達しているのです。1時間も待てば、どんな本でも読みたい部分だけ複製してリング製本してくれます。著作権的には問題がありそうですが、販売するわけではなく、自分が読むページだけコピーして製本するというスタイルは合理的ともいえます。図書館でコピーした本の一部を、製本して読んでいるような感覚です。聞いてみると、コピー製本のサービスは、パラグアイ中どこにでもあるそう。不思議なビジネスが成り立っているのです。

　帰りに先住民であるマカ族の集落を訪ねてみました。都市の近くにある居住区なので観光化されていますが、いまだ独自の習慣や工芸などの文化を守って生活しています。「本を読みますか？」と酋長に聞いてみると、「本は無いが、言葉で伝える」と言っていました。物語はすべて口伝。実は、ほとんどの少数民族の言葉や伝統は、紙に印刷されていません。本という形態にとらわれない文化の保存も大切なのではないかと、考えさせられたパラグアイの本屋めぐりの旅でした。

パラグアイの気になる一冊

『Cien Años de Soledad』（百年の孤独）
García Márquez　ガルシア＝マルケス

コロンビアの作家、ガルシア＝マルケスの代表作。村の開拓者であるブエンディアー家の孤独を、百年にわたる栄枯盛衰の歴史とともに描いた作品。

歴史は短いものの、作品の幅が広く充実しているアメリカ文学。エドガー・アラン・ポーのようなホラーや推理作家の他にも、1920〜30年代にはヘミングウェイやフィッツジェラルドなどが「ロスト・ジェネレーション（失われた世代）」と呼ばれ活躍。1950年代後半には「ビート・ジェネレーション」と呼ばれる作家グループの作品が、若者の文化に大きな影響を与えました。マジックリアリズムと呼ばれる幻想性が特徴のラテンアメリカ文学も人気が高いです。

アメリカの作家図鑑

20世紀アメリカの文豪
アーネスト・ヘミングウェイ
1899-1961

代表作は『武器よさらば』、『誰がために鐘は鳴る』、『老人と海』。1954年、ノーベル文学賞を受賞。1961年、猟銃で自殺

時代の寵児と呼ばれた天才
F・スコット・フィッツジェラルド
1896-1940

1920〜30年代の「失われた世代」の作家として名高く、後世の多くの作家に影響を与えた。代表作は『グレート・ギャツビー』

ビート・ジェネレーションを代表する作家
ジャック・ケルアック
1922-1969

代表作は『路上』（オン・ザ・ロード）、『孤独な旅人』

20世紀アメリカの詩人
アレン・ギンズバーグ
1926-1997

全米を放浪した後、詩集『吠える』でビート・ジェネレーションの教祖的存在に。代表作は『麻薬書簡』、『宇宙の息』

Column : American Writers

アルゼンチンの詩人、小説家
ホルヘ・ルイス・ボルヘス
1899-1986

アルゼンチン出身の小説家、詩人。代表作は『伝奇集』、『エル・アレフ』、『幻獣辞典』

ラテンアメリカ文学のシンボル
ガルシア＝マルケス
1927-2014

コロンビアの小説家。1982年にノーベル文学賞受賞。代表作は『百年の孤独』、『コレラの時代の愛』

メキシコのノーベル文学賞受賞作家
オクタビオ・パス
1914 -1998

詩人・批評家。代表作は『弓と竪琴』、『孤独の迷宮』

『アルケミスト』が世界的なベストセラーに
パウロ・コエーリョ
1947-

ブラジルの小説家、作詞家。『星の巡礼』で作家デビュー。代表作は『アルケミスト 夢を旅した少年』、『ピエドラ川のほとりで私は泣いた』

あとがき
Epilogue

　なぜ本屋をめぐっているのか？とよく聞かれます。実はアルバイトとして20歳の頃、美術書の露天商をしていました。世界中で買ってきた貴重な美術書を表参道の交差点の道端で売っておこづかいを稼ぎ、また次の国へ旅に出る。そんなことを繰り返しているうちに、本の魅力にハマってしまったのです。当時、COWBOOKSの松浦弥太郎さんが本の移動販売を始めていて、洋書が憧れの存在だったのです。

　社会人になると、テレビ番組のディレクターになりました。最初に担当したのは『なるほど！ザ・ワールド』の後番組として始まったフジテレビの『メトロポリタンジャーニー』でした。カールスモーキー石井さんとカッパドキアやトプカプ宮殿を撮影したのが初仕事。その後は、テレビ東京の『地球街道』という海外をドライブする番組。さらに朝日放送の『朝だ！生です旅サラダ』や『世界の村で発見！こんなところに日本人』、NHKのEテレでは文学特番を作り、世界を取材してきました。そんな時に行くのが「本屋さん」でした。リサーチも兼ねて、町の資料を集めました。そんなことを20年以上続けているうちに、本屋めぐりが習慣のようになっていったのです。

　37歳になると会社を辞めて、荻窪に6次元というブックカフェを作りました。そして、いろいろな出版社や本屋さんのイベントを開催したり、世界の文学者とも交流したりしてきました。実はこれらの発想は、すべて海外で見聞きしたことから得たヒントが元になっています。そして、店を始

めて3年ほどがたったある日。朝日新聞の方から連絡があり、朝日小学生新聞で「世界の本屋さん」について連載しませんか?というお誘いがありました。こうして人生初の新聞連載が始まったのです。さらに、連載終了後、numabooksの内沼晋太郎さんから声をかけていただき、「世界の本屋さん」をwebで続けて連載しました。

　さらに数年が経過し、世界の本屋さんを新たに取材し続けていたら、この本が出来上がりました。印象が古くならないように写真を使わず、絵を描きました。どの国にも思い入れがありすぎて、うまく言葉が出てきませんでした。作業に1年以上かかってしまい、みなさんにとても迷惑をかけてしまいましたが、なんとか完成したことをうれしく思っています。

　書店員さんや、これから本屋さんを始める人、本屋めぐりが好きな人たちにも読んでいただけたらうれしいです。今、世界の本屋さんで何が起こっているのか。何をすべきなのか。ささやかながら参考にできることもあると思います。世界の本屋をフィールドワークした「本屋人類学」の参考書として、気軽に楽しんでいただけたらと思います。

　産業編集センターの前田康匡さん、ブックデザインを担当してくれた新井大輔さん、本当にありがとうございました。

2019年8月　ナカムラクニオ

| 参考文献 |
世界の出版情報調査総覧（http://biblioguide.net/survey/）

ナカムラクニオ
Kunio Nakamura

1971年東京都生まれ。東京・荻窪にあるブックカフェ
「6次元」店主。フリーランスで美術や旅番組などのディ
レクターとして番組制作に携わり、これまでに訪れた
国は40ヵ国以上。金継ぎ作家としてROKUJIGEN
KINTSUGI STUDIOを立ち上げ、全国でワークショップ
を開催。著書に『古美術手帖 はじめての骨董』（玄光
社）、『はじめての金継ぎBOOK』（光文社）、『村上春樹
語辞典』（誠文堂新光社）などがある。

〈私のとっておき〉シリーズ47

書名　　世界の本屋さんめぐり

2019年10月16日　第1刷発行

著者　　ナカムラクニオ

イラスト　ナカムラクニオ

装丁　　新井大輔

編集　　前田康匡

発行　　株式会社産業編集センター
　　　　〒112-0011東京都文京区千石4丁目39番17号
　　　　TEL 03-5395-6133　FAX 03-5395-5320

印刷・製本　　株式会社シナノパブリッシングプレス

©2019 Kunio Nakamura Printed in Japan
ISBN 978-4-86311-243-8　C0026

本書の無断転載・複製は著作権法で認められた場合を除き、禁じられています。
乱丁、落丁本はお取り替えいたします。